数字时代品牌管理与传播

胡晓青◎著

中国纺织出版社有限公司

内 容 提 要

本书以"数字时代品牌管理与传播"为主题,以整合品牌管理理论为基础,以数字时代为背景,归纳了最新的数字时代品牌传播发展趋势,深入分析了数字时代品牌传播的核心特征、品牌与消费者之间关系的重塑、品牌传播渠道的多样化及其策略性运用,详细探讨了品牌在全球化市场中的定位与竞争策略,尤其是数字平台对品牌传播效果的增强。

本书旨在帮助企业、市场营销人员、学者以及学生更好地理解并应对数字化转型对品牌管理的影响,提供前瞻性的理论支持和实用性的策略指导,助力品牌在数字时代保持竞争优势并实现可持续发展。

图书在版编目(CIP)数据

数字时代品牌管理与传播 / 胡晓青著. --北京:中国纺织出版社有限公司,2025.3. -- ISBN 978-7-5229-2570-7

I. F273.2-39

中国国家版本馆 CIP 数据核字第 2025HN4699 号

责任编辑:赵晓红　　责任校对:王蕙莹　　责任印制:储志伟

中国纺织出版社有限公司出版发行
地址:北京市朝阳区百子湾东里 A407 号楼　邮政编码:100124
销售电话:010—67004422　传真:010—87155801
http://www.c-textilep.com
中国纺织出版社天猫旗舰店
官方微博 http://weibo.com/2119887771
河北延风印务有限公司印刷　各地新华书店经销
2025 年 3 月第 1 版第 1 次印刷
开本:787×1092　1/16　印张:12.5
字数:228 千字　定价:88.00 元

凡购本书,如有缺页、倒页、脱页,由本社图书营销中心调换

前言

数字化已经成为当今时代的主旋律，数字技术与信息技术不断创新和使用，新兴科技深刻地改变了社会生产的组织形态和日常生活的消费方式。每个个体和组织已然成为网络空间中的一个节点，彼此之间的连接成为常态，人类行为的数据正在不断产生和被采集，这标志着当今社会已经进入全面数字的时代，探索和适应网络环境下的生存与发展规则成为一个重大的时代课题。

传统的电视、报纸、广播、杂志四大媒介主导的传播格局已经被互联网打破，互联网开启了一个崭新的数字时代，媒体平台的变革处于正在进行时。人们对网络平台应用的探索和求变，给品牌传播和品牌管理带来了前所未有的挑战。

在这一背景下，本书将围绕数字时代品牌管理与传播的核心议题，深入分析品牌管理的基本理论、战略方法及数字化转型路径。全书从品牌管理的基本概念入手，深入分析数字化时代对品牌管理的挑战与机遇，重点关注品牌传播的创新策略，尤其是在社交媒体、大数据等技术的推动下，品牌如何与消费者建立深度互动关系，如何借助技术实现精准营销，提升品牌的竞争力与市场影响力。本书不仅适用于品牌管理领域的学者与研究人员，还为企业营销人员、品牌管理者以及相关从业者提供了实践指导与启示。

本书在编写过程中，笔者收集、查阅和整理了大量文献资料，在此对学界前辈、同人和所有为此书编写工作提供帮助的人员致以衷心的感谢。由于笔者能力有限，编写时间较为仓促，书中难免有错漏之处，还请广大读者给予理解和不吝指教！

胡晓青

2024 年 9 月

目录

第一章　品牌管理的基本理论 … 1
第一节　品牌概述 … 1
第二节　品牌管理内涵 … 18
第三节　品牌管理面临的困境 … 20
第四节　品牌管理的模式 … 23

第二章　品牌管理实践 … 29
第一节　品牌识别管理 … 29
第二节　品牌延伸管理 … 32
第三节　品牌组合管理 … 36
第四节　品牌更新管理 … 48

第三章　数字时代的品牌转型 … 55
第一节　传统品牌面临的"瓶颈" … 55
第二节　数字时代品牌发展的趋势 … 64
第三节　数字时代的品牌转型 … 70

第四章　数字时代的品牌顶层设计 … 79
第一节　数字时代的品牌打造 … 79
第二节　数字时代的消费者角色定位 … 86
第三节　数字时代的品牌价值重组 … 88

第四节 数字时代的品牌管理 …… 96

第五章 数字时代的品牌传播流程与策划 …… 101
第一节 品牌传播工具 …… 101
第二节 品牌传播流程 …… 106
第三节 品牌形象策划 …… 108
第四节 品牌代言人传播 …… 111
第五节 品牌口碑传播 …… 116

第六章 数字时代的品牌传播媒介 …… 125
第一节 传播媒介的历史与进展 …… 125
第二节 消费者的媒介使用特征与转型 …… 131
第三节 数字时代的品牌传播渠道 …… 137

第七章 数字时代的品牌传播效果 …… 147
第一节 数字时代的品牌传播内容 …… 147
第二节 品牌传播效果的指标 …… 152
第三节 数字时代的品牌传播效果测量 …… 156

第八章 数字时代品牌危机管理 …… 165
第一节 品牌维护 …… 165
第二节 品牌危机的处理 …… 176
第三节 品牌保护 …… 185

参考文献 …… 193

第一章　品牌管理的基本理论

第一节　品牌概述

一、品牌的含义

（一）品牌的归属

在确定"什么是品牌"之前，我们必须首先来思考并回答"品牌属于谁"。这个问题看似简单，实际上却很深奥。这个问题如果处理不好，企业的品牌战略就会误入歧途。

1. 第一种观点：品牌属于企业

这种观点认为，品牌（尤其是自主品牌）就像是企业的孩子，是由企业一手培育出来的。品牌在企业管理者和员工的培育下成长，帮助企业得到市场的青睐，进而获得高额的销售，品牌给企业带来的丰厚利润也归企业所有；企业管理者也有权将有价值的品牌转卖给其他公司。企业在法律上对品牌拥有经营权、处置权，因此品牌理所应当是属于企业的。

2. 第二种观点：品牌属于消费者

这种观点认为，品牌从本质上来说是属于消费者的，是消费者心智中的东西。某一个产品是不是品牌取决于消费者。如果消费者不认同，这个产品的品牌就没有市场效应，事实上它就不是品牌。例如，中国某国产奶粉，无论是企业自己做的广告宣传，还是各种相关数据，都证明该奶粉的质量比外国品牌奶粉还要好，但中国年轻的父母在给婴儿选购奶粉时还是优先选择外国品牌，该国产品牌奶粉照样门庭冷落、无人问津。可见品牌不是掌控在企业手里的，它不以企业的意志为转移。品牌存在于消费者的认知里，当消费者认为某一产品是品牌时，它才会有市场效应；当消费者不认同时，该品牌事实上就不存在，哪怕企业管理者自认为它是品牌，也不会有人埋单。国际广告教皇大卫·麦肯兹·奥格威（David Mackenzie Ogilvy）说："品牌存在于消费者的认知里"，联合利华前董事长迈克尔·佩雷（Michael Perry）直截了当地指出："消费者拥有品牌"？营销学者科波—瓦尔格雷（Cobb-Walgren）、努贝尔（Ruble）、唐苏（Donthu）等人指出："品牌是一个以消费者为中心的概念。如果品牌对消费者来说没有任何意义，那么它对于投资者、生产商或零售商也就没有任何意义了。"

3. 第三种观点：品牌归企业和消费者共同拥有

美国品牌培育大师弗朗西斯·麦奎尔（Francis X. Maguire）认为："一个好的品牌是来自企业的好想法与顾客心灵契合的产物。"英国品牌咨询顾问彼得·威尔士（Peter-Wells）和提姆·赫里斯（Tim Hollins）的观点更加全面，他们认为："企业并没有控制品牌，而是为品牌提供了成长的前提条件，在品牌成长的过程中，企业管理者和消费者都参与其中，品牌是企业和消费者共同创建的。"这个观点其实反映了品牌归属的三个角度：①从法律的角度看，品牌属于企业，企业拥有对品牌的各项法律权利；②从心理的角度看，品牌属于消费者，只有被消费者认知和认同的"品牌"才能成为品牌并且为企业带来经济利益；③从管理的角度看，品牌属于企业和消费者共同拥有，企业只有始终将消费者的需求融入品牌的管理和维护中并且不断加以推广传播，品牌才能始终得到消费者的认同从而基业长青。

（二）品牌的定义

提到品牌，似乎是一个很简单的问题。许多人生活中也经常使用这个名词。但真正研究品牌，人们才发现根本不是这么简单。品牌最早是烙在动物身体上以示区别的标记，随着商品经济的发展、企业竞争的加剧、消费者购买理性的成长，品牌逐渐负载了越来越多的内涵。正如凯文·莱恩·凯勒（Kevin Lane Keller）教授所言，品牌已经成了一个复杂的、多面性的概念，甚至不同国家对于品牌内涵在理解上都有所不同。到目前为止，国内外理论界对品牌始终没有形成一个统一的、权威的解释，众说纷纭，盲人摸象，各人从各自不同的角度进行阐述，并没有一个公认的、全面的概念界定。目前，学界对品牌的定义可以分为以下四类。

1. 品牌是区隔符号

荷兰学者里克·莱兹伯斯（Rik Riezebos）认为品牌最原始的含义就是区隔的工具，英语中"品牌"（brand）一词起源于中世纪古挪威词汇"brandr"，意思是"烙印"，是指烙在动物身体上以区分所有权的标记。中世纪时，西方游牧部落在牛马的背上打上烙印，用来区分不同部落之间的财产，上面写着一句话："不许动，它是我的"，并且附上各个部落的标记。这就是最初的品牌标记和口号。另一种比较流行的说法是，"品牌"一词源于19世纪早期英国生产威士忌酒的生产商，在装酒的木桶上打上标识，用来表明酒的生产商，是商人用作质量、信誉保证的标识。无论哪种说法，品牌都是产品符号的标记。可见，早期的品牌是厂商区隔的标志，类似于今天的商标（trademark）。

1960年，美国市场营销协会（American marketing association，AMA）在《营销术语词典》中提出："品牌是一种名称、术语、标记、符号或设计，或是它们的组合运用，其目的是借以辨认某个销售者或某群销售者的产品或服务，并使之同竞争对手的产品和服务区别开来。"

美国营销学大师菲利普·科特勒（Philip Kotler）也为品牌下过类似的定义："品牌是一个名字、称谓、符号或设计，或是上述的总和，其目的是要使自己的产品或服务有别于其他竞争者。"

上述定义反映了这样三个事实：①品牌与符号有关。品牌的外在表现就是一个名称或符号，名称或符号就指代了品牌；②品牌是一种区分的工具。品牌可以用来区分不同的产品或生产者；③企业和消费者以不同的目的使用品牌。消费者利用品牌来辨认不同的产品或厂家，企业则利用品牌来和竞争者形成区隔。

总之，把品牌界定为用来区隔不同产品或生产者的符号这种定义实际上是从最直观、最外在的表现出发，而人们今天仅仅用来区隔不同产品，有一个更确切、更具法律效力的词，就是"商标"，所有的产品都可以有商标，但并不是所有有商标的产品都是品牌。品牌用作识别和区隔的符号，是品牌必须具备的基本条件，却不是全部条件，不能涵盖品牌所包含的全部内涵。

2. 品牌是信息载体

随着社会经济的迅猛发展，市场上的商品越来越丰富，可供人们选择的同类产品越来越多，人们需要了解更多的产品信息来帮助自己进行购买决策，如产品的质量、性能、特色等，以满足自己的功能性和精神性需求。因此，品牌不仅要起到帮助消费者识别的作用，还要帮助生产者传递各种信息和承诺，成为消费者一系列联想的载体。

正因为品牌承载了非常丰富的内涵，因此不少学者把品牌定义为企业传递给消费者的全部信息的载体。1955年，大卫·麦肯兹·奥格威把品牌定义为："品牌是一种错综复杂的象征，它是品牌的属性、名称、包装、价格、历史、声誉、广告风格的无形组合。品牌同时也因消费者对其使用的印象及自身的经验而有所界定。"

美国品牌学者林恩·阿普绍（Lynn B.Upshaw）在谈到品牌时说："从更广义的意义上说，品牌是消费者眼中的产品和服务的全部，也就是人们看到的各种因素集合起来所形成的产品表现，包括销售策略、人性化的产品个性及两者的结合等，或是全部有形或无形要素的自然参与，比如，品牌名称、标识、图案这些要素等。"

美国营销大师菲利普·科特勒认为品牌包含六个方面的内容：①产品的属性；②产品提供给消费者的功能性或情感性利益；③生产者的价值观；④产品背后的文化；⑤品牌代表的个性；⑥产品的使用者。

把品牌当作一种传递信息、产生联想的载体，这种定义貌似面面俱到，但这种简单罗列的做法实则使人一头雾水，不得要领，不能明确了解品牌究竟是什么。

3. 品牌是关系集合

有学者认为，品牌是企业和消费者共同拥有的。一个品牌的成功实际上是企业和消费者共同努力的结果。因此，奥美广告公司把品牌定义为："品牌是一个商品透过消费者生活中的认知、体验、信任及感情，挣到一席之地后所建立的消费者与产品间的关系。消费者才是品牌的最后拥有者，品牌是消费者经验的总和。"

亚马逊集团的创始人杰夫·贝佐斯（Jeff Bezos）说："品牌就是指你与客户之间的关系，说到底，起作用的不是你在广告或其他宣传中向他们许诺了什么，而是他们反馈了什么以及你又如何对此做出反应。"

上海财经大学教授王新新认为："品牌是一种关系性契约，品牌不仅包含物品之间的交换关系，而且还包括其他社会关系，如企业与顾客之间的情感关系；企业之所以要建立品牌，是为了要维持一种长期、稳定的交易关系，着眼于与顾客未来的合作。"

"关系说"强调了品牌创建过程中消费者的作用，以及企业创建品牌的目的就是建立品牌与消费者的关系，但并不能表达品牌的概念。

4. 品牌是无形资产

1992年，美国学者亚历山大·贝尔（Alexander Bell）认为："品牌资产是一种超越生产、商品及所有有形资产以外的无形资产。其好处是未来的品牌价值远远超过推出具有竞争力的其他品牌所需的扩充成本。"法国品牌专家让－诺埃尔·卡普费雷（Jean-Noel Kapferer）认为："品牌对于公司而言代表了一份价值连城的、合法的财产。这份财产能够影响消费者的行为，并且在它被购买和出售的过程中，确保它的主人以后会有源源不断的收入。"美国著名的广告代理商 BMP 执行董事费尔德·维克（P.Field Wick）也对品牌做过这样的解释："品牌是由一种保证性徽章创造的无形资产。"

《大营销：新世纪营销战略》一书对品牌这样定义："品牌是一种独立的资源和资本，它是能够进行营运的……品牌是一种知识产权，也可以像资本一样营运，实现增值。"

把品牌定义为一种无形资产，其实是站在经济学和会计学的立场，说明了品牌作为一种无形资产能够给企业带来可观的财富和利润，它强调了品牌对于企业的价值和意义，但没有解释品牌本身是什么。显然，把它作为品牌的定义也是不妥的。

二、品牌的类型

品牌可以从不同的角度、采用不同的标准进行分类。人们既可以按照品牌的市场地位分，也可以按照品牌的影响辐射范围分，还可以按照品牌化的对象分、品牌的权属分、品牌之间的关联情况等来分。本书主要从品牌化的对象和品牌的权属这两个视角对品牌进行分类介绍。

（一）按照品牌化的对象进行分类

从品牌化的对象视角来划分，品牌可以分为产品品牌、服务品牌、组织品牌、个人品牌、事件品牌、地点品牌六种类型。

1. 产品品牌

产品品牌是指运用在有形产品上的品牌，如可口可乐、宝马、劳力士、康师傅、美的等。产品品牌是人们在日常生活中最容易接触到的品牌，这类品牌通常跟特定的产品联系在一起，如华为手机、佳洁士牙膏、海飞丝洗发水、邦迪创可贴等。产品品牌可以分为两大类：消费品品牌和工业品品牌。

消费品是最早引入品牌理念的行业。有学者认为，如果用品牌对企业销售或利润所作的贡献大小来衡量，品牌在消费品领域的贡献是最大的。英国著名的 Interbrand 公司每年公布的全球品牌 100 强排行榜中，消费品品牌占据的比例最大，2014 年这一比率达到 60% 以上，如苹果、三星、可口可乐、奔驰、路易威登、本田、丰田、耐克等都属于消费品品牌。

工业品属于B2B行业，工业品的顾客都是公司客户，采购者具有丰富的产品知识和行业经验，因此以前普遍认为工业品不需要做品牌。但近年来这种情况有了很大的改变，许多B2B公司也针对公众开展营销与推广工作，致力于创建品牌，利用品牌的知名度和美誉度帮助企业开拓公司客户和政府采购。像英特尔、IBM、思科、3M、埃森哲、美孚、杜邦、卡特彼勒、立邦、波音等这些工业品品牌，在世界品牌排行榜中影响力非常显赫。

2. 服务品牌

服务品牌是以服务产品为主要特征的品牌，如麦当劳、星巴克、联邦快递、顺丰快递、德邦物流、希尔顿酒店、迪士尼、学而思、新东方等，许多互联网产品品牌，如脸书、推特、微信、支付宝、携程等一般也都归为服务品牌。相对于有形产品，服务产品是无形的，服务产品的质量具有无形性、多变性和不稳定性，当顾客在购买时面对无形和抽象的服务产品，选择起来难度更大。因此大力创建服务品牌，通过品牌传递服务企业的质量、特色、理念和文化，让顾客感知，就变得特别重要了。例如，星巴克着力打造的"第三空间"品牌理念和文化，使得星巴克在众多的咖啡馆中脱颖而出，获得巨大的成功，今天已成为全球最大的咖啡连锁店。Interbrand公司的约翰·墨菲（John Murphy）说："过去30年里，最成功实现品牌化的例子出现在服务行业。"

3. 组织品牌

组织品牌是运用在公司或非营利性组织整体层面上的品牌，如三星、西门子、联想、索尼等。对于企业来说，有些企业采用了公司名称和产品名称保持一致的品牌策略，如三星、西门子等；也有些企业采用了公司名称与产品名称不一致的策略，如宝洁公司、联合利华、莫里斯公司等。前者属于典型的组织品牌，后者分为两种情况：一种是同时打造组织品牌和产品品牌，既宣传企业也宣传产品，如宝洁公司和联合利华；另一种则专门打造产品品牌，公司名称却刻意低调，如生产大名鼎鼎万宝路香烟的莫里斯公司，生产康师傅方便面、饮料的顶新集团。

采用组织品牌最大的优势在于可以在公众心目中树立专业的、有实力的、可信赖的组织形象，使得在这一品牌旗下推出的所有产品都能得到顾客的青睐。例如，海尔作为中国人比较信赖的家电品牌，海尔公司生产的所有产品如电视机、洗衣机、冰箱、空调、微波炉等都得到市场上顾客的信任，有利于公司不断延伸推出新产品。此外，许多非营利性组织也致力于打造组织品牌，以期得到社会各界的支持，如哈佛大学、牛津大学、剑桥大学、国际奥委会、红十字会、中华骨髓库等。

4. 个人品牌

个人品牌是指以个人作为品牌化对象的品牌。现在，对个人进行营销、建立个人品牌已经逐渐被社会大众所接受。采用个人品牌以下列两种情况最为常见：

（1）公众人物。公众人物本身就是广义概念上的产品，如政治家、演艺人员、体育明星等，他们要想赢得公众的接纳和支持，就必须打造符合公众愿望的理想形象，只有获得了一定的知名度和美誉度，他或者他背后的组织才可能由此而获益。

（2）企业领袖。现在有些高科技企业或者互联网企业，由于专业技术性过强，如果对外宣传产品，一般民众很难理解产品的特色和优势，也无法判断产品的质量和性能，而借用企业领袖的名字，着力打造成功的企业领袖个人品牌，通过企业领袖个人品牌的传播和宣传，其影响效果会大大超过常规的营销传播效果。有时候一个成功的企业领袖甚至能够引起粉丝疯狂的追捧和崇拜，他所在公司的产品自然受到市场的热捧。例如，巴菲特、乔布斯、比尔·盖茨、马云等，他们都是通过打造成功的个人品牌，吸引了大批追随者。

5. 事件品牌

事件品牌是指以事件为载体的品牌。所谓"事件"，可以包括体育、会展、节庆、演出等，如奥斯卡颁奖典礼、戛纳电影节、奥运会、世博会、F1方程式赛车、环法自行车赛、世界经济论坛、乌镇戏剧节、汉诺威工业博览会、世界杯足球赛、G20峰会等。当下，公众的注意力是个稀缺资源，企业或组织者举办的活动越来越多，主办者希望能够吸引更多的公众关注并参与，从而获得举办事件的社会效益或经济效益。因此，打造事件品牌就成为必然。例如，世界杯足球赛不仅获得全世界足球迷的支持和疯狂关注，而且每次都可以获得丰厚的收入，包括电视转播收入、赞助收入、标识许可使用收入、门票收入、纪念品收入等。

6. 地点品牌

城市、地区和国家可以通过广告、邮件和其他方式向外界推销自己，以提高自己的知名度，塑造积极的品牌形象，吸引外来的个人或公司来此旅游、居住或投资。目前，我国不少地方都在以自己的某种特色作为定位，打造专属自己的城市品牌、地区品牌，如"最美乡村婺源""时尚之都大连"等。在国际上，许多国家也都在着力打造自己的地点品牌、城市品牌，如澳大利亚大堡礁、印度尼西亚巴厘岛、音乐之都维也纳、浪漫之都巴黎等。至于打造整个国家品牌，最不遗余力也最成功的就是韩国。20世纪90年代以后，韩国政府通过韩剧等方式，大力向全世界传递他们的价值观，显示其既文化传统深厚，又开放现代、引领时尚潮流，成功地在全世界刮起"韩潮"风。

(二)按照品牌的权属进行分类

按照品牌的权属来划分,品牌可以分为自主品牌、特许品牌和联合品牌三种类型。

1. 自主品牌

所谓自主品牌又称自有品牌,是指企业自创的品牌,企业对品牌标识、名称等系列符号拥有排他性的使用权。根据品牌产品在生产经营环节的不同,自主品牌又可以划分为生产商品牌和中间商品牌两大类。

(1)生产商品牌。生产商品牌是指生产产品的企业自己创建的品牌,在日常生活中人们接触到的品牌绝大多数都是生产商品牌,如索尼、三星、百事可乐、英特尔、苹果、华为、联想、欧莱雅等。从广义产品的角度来说,互联网品牌也属于生产商品牌,如脸书、推特、亚马逊、微信、微博、支付宝、携程等。

(2)中间商品牌。中间商品牌是指中间商根据市场上消费者对某种产品的需要,自设生产基地或者委托某个生产企业根据自己的要求生产产品,然后冠以中间商的商标将产品出售。在中间商品牌中最常见的就是零售商品牌。某些零售企业,利用自己在市场上的知名度以及消费者对自己的信任,用自己创建的零售企业品牌推销产品,进而吸引一些市场知名度或影响力比较低的生产企业,并将自己的产品卖给它,然后用零售商的品牌标注在商品上进行销售,从而获得更多的销量和收益。20世纪80年代以来,中间商品牌得到了快速发展,欧美许多国家的大型超市、连锁店、百货商店几乎都出售标有零售商自有品牌的商品,如在中国市场上经常可以看到的欧尚大拇指商品、苏果超市的苏果商标产品,英国马斯百货所有销售的商品都冠以马斯的品牌标识。

2. 特许品牌

所谓特许品牌,是指有些企业经过申请得到许可,使用其他生产商已经创建起来的品牌,企业只需要向品牌所有者支付一笔费用,就可以使用其品牌符号和标识,这些生产企业使用的品牌就是特许品牌。例如,世界上有许多企业获得迪士尼的许可,使用迪士尼的商标、符号以及米老鼠标志等卡通形象。有的企业干脆就是贴牌生产,按照品牌企业的订单组织生产,如耐克运动鞋、芭比娃娃、恒源祥服装等,包括前述的中间商品牌,严格来讲也是一种贴牌生产。特许品牌产品很常见,人们在超市货架上看到的星巴克袋装咖啡、咖啡饮料以及冰柜里的哈根达斯冰激凌、大娘水饺等都是特许品牌产品。

3. 联合品牌

联合品牌是指两个已经创立了不同品牌的企业把品牌名称用在同一个产品上。联合品牌的优点很明显，由于两个品牌在各自的产品种类中往往占据优势地位，因此联合起来的品牌可以强强联合，产生更强的吸引力和更高的品牌价值；还可以使企业把已有的品牌扩展到依靠自己原有品牌难以单独进入的行业领域中去。例如，"索尼"和"爱立信"联合推出"索爱"品牌手机，就是充分利用了爱立信作为全球知名通信设备生产商和索尼具有设计、创新特点的品牌声誉优势；上海大白兔品牌通过与美加净品牌联合推出了大白兔美加净润唇膏和香皂，成功进入了日用化工产品领域。

三、品牌与相关概念的关系

（一）品牌与产品的关系

1. 品牌与产品的相互关系

关于品牌和产品的关系，营销学界基本上存在两种观点：一种观点是以美国品牌权威学者凯文·莱恩·凯勒（Kevin Lane Keller）为代表，认为产品是主体，品牌只是产品的标识。凯文·莱恩·凯勒教授认为品牌就是产品，但它是加上其他各种特性的产品，以便使其以某种方式区别于其他用于满足同样需求的产品。另一位美国营销学者阿尔文·阿肯鲍姆（Alvin Achenbaum）也认为，能够将一个品牌与未品牌化的同类产品区分开来并赋予其资产净值的，是消费者对产品利益、产品表现、品牌名称和它所代表的含义以及对与品牌相联系的公司感觉。我国学者武汉大学黄静教授也坚持认为，产品是品牌的主体，品牌依附于产品，因为品牌利益由产品属性转化而来，品牌核心价值是对产品功能性特征的高度提炼，品牌借助产品来兑现承诺。产品质量是品牌竞争力的基础。

另外一种观点是以美国现代企划鼻祖史蒂芬·金（Stephen King）为代表，认为品牌是主体，产品只是品牌的载体。史蒂芬·金这样说："产品是工厂里生产出来的东西，品牌是由消费者带来的东西；产品可以被竞争者模仿，品牌却是独一无二的；产品极易过时落伍，但成功的品牌却能持久不衰。"世界著名的品牌标识设计与咨询公司浪涛公司创始人华尔特·浪涛（Walter Landor）曾说过："产品制造于工厂，品牌创造于心智。"我国大部分学者均支持这种观点，认为品牌是主体，产品仅仅是品牌的载体，品牌甚至可以脱离产品独自运行。例如，比亚迪，过去曾经是个电池品牌，后来也做过手机品牌，现在则是一个汽车品牌，市场上早已没有比亚迪电池、比亚迪手机这类产品了，但比亚迪品牌仍然存在。

上述两种观点其实都承认品牌跟产品密切相关，品牌的概念范畴远远超出产品的概念范畴，区别仅仅在于两者谁为主谁为辅的问题。笔者认为上述两种观点都失之偏颇，倒是中国品牌专家张正、许喜林两位对品牌和产品关系的分析相对来说更为精到准确。张正、许喜林二人认为，任何一个成功的品牌都经历了品牌成长的两个阶段，第一阶段是捆绑，即品牌与产品紧紧联系在一起，品牌因产品的特色、优点而形成并确定品牌的定位、个性和形象，产品和品牌两者相辅相成、彼此成就、共同成长；第二阶段是松绑，即品牌与具体的产品分离，品牌不再专门指向某一个产品或某一类产品，而是脱离原来具体的产品为企业业务的延伸提供支持，即品牌延伸，这一阶段企业不仅借用原来品牌的声誉带动新产品入市，而且赋予了品牌更多的新的内涵，使品牌核心价值进一步得以丰富，适应了新产品、新业务领域对品牌的要求。

由此，笔者认为品牌和产品究竟谁为主、谁为辅取决于企业品牌建设所处的阶段。在创建品牌之初，产品是核心，品牌是产品的标识，产品的性能、功效决定了品牌的价值，品牌对于消费者的承诺也是通过产品得以实现。例如，瑞士的劳力士、欧米茄手表，德国的奔驰、宝马汽车，美国的苹果手机，中国的大疆无人机，都是靠卓越的品质、精良的设计、先进的技术工艺得到消费者的青睐，然后才被消费者视为知名品牌的。

但是当品牌建立起来之后，尤其是当它拥有了强大的市场影响力和号召力、培养了一批忠实顾客之后，品牌就可以渐渐脱离原来的产品，独立运行。企业可以利用这个品牌延伸推出新的产品，甚至可以进入新的行业领域。例如，"康师傅"原来只是一个方便面品牌，现在"康师傅"品牌旗下既有饮料又有糕点；同样，海尔最早只是一个冰箱品牌，现在海尔品牌已经覆盖到电视机、洗衣机、空调、微波炉等所有的家电产品上。

品牌不仅可以与它所代表的产品分开，甚至可以与创建它的企业分开，进行独立运作。例如，中国广东东莞一家鞋厂生产的一双运动鞋，它是为德国"阿迪达斯"贴牌生产，贴上"阿迪达斯"的商标标识，这就是一双"阿迪达斯"品牌的运动鞋；要是该企业收到的是"耐克"的订单，为"耐克"贴牌生产，这双鞋就变成了"耐克"品牌的运动鞋。鞋还是这双鞋，产品没变，品牌却不一样。如果越南企业也给"耐克"做贴牌生产，那么很有可能，同样是"耐克"品牌的运动鞋，有可能是越南生产的，也有可能是中国生产的，还可能是印度生产的，同样一个品牌，产品却不是同一个产品。

品牌不仅可以脱离产品，品牌还可以脱离企业。例如，"劳斯莱斯"原来是英国维克斯集团的品牌，1998年该品牌卖给了德国大众，现在属于德国大众；"中华牙膏"也不是上海日化的品牌了，它现在的主人是英国联合利华；瑞典的"沃尔沃"在1999年被美国福特公司收购，2010年8月又被中国吉利集团收购，因此沃尔沃品牌现在的主人是吉利集团。

当然，并不是所有的品牌都可以脱离产品成为主体独立运行而让产品成为载体的，品牌能否跟具体的产品松绑甚至脱离企业，取决于品牌的强度，只有强势的品牌才能够赢得顾客，才能够脱离具体的产品、自身具有市场价值。另外，品牌能否脱离产品还取决于品牌的内涵。品牌内涵越是丰富就越容易脱离产品，反之就只能跟具体的产品紧紧地捆绑在一起，一旦产品被淘汰，品牌也只能黯然退出市场，最后被消费者遗忘，如柯达胶卷、施乐复印机、三株口服液、健力宝饮料以及一些消失的中华老字号，都是因为这些品牌只是产品的标识、产品的载体，产品一旦被市场淘汰，品牌随之也就退出了历史舞台。

2. 品牌与产品概念的区别

品牌与产品两者概念的区别，主要表现在以下三点：

（1）产品是具体的存在，而品牌存在于消费者的认知里。产品是物理属性的组合，它具有某种特定功能来满足消费者的需求，产品可以是有形的，也可以是无形的，但它一定能够满足消费者某一方面的需求，具有功能利益；而品牌是消费者使用了产品后所形成的想法和情感，是消费者心中想法、情感、感觉的总和。例如，提到"高露洁"，人们会联想到美国牙膏、质量好、防蛀牙、价格合理等信息。

（2）产品生成于工厂，而品牌形成于整个营销环节。每个品牌下面必定会有个产品，但并不是所有的产品都能成为品牌。产品在工厂中生产出来，但它会成为怎样的品牌却完全取决于整个营销环节。例如，定个高价人们就会认为它是高档产品，而价格定得比较低，顾客就会认为它是一般性产品；企业选择的销售渠道也会影响消费者对品牌的认知，消费者一般都会认为专卖店卖的产品比较高档，地摊和超市卖的产品比较低档。除此之外，广告宣传、促销方式、代言人等也会影响人们对品牌的感受和认知。

（3）任何产品都会有生命周期，而强势品牌却可以脱离具体的产品基业长青，甚至可以反过来主导产品。例如，现代科学技术的迅猛发展使得企业产品更新越来越快，旧的产品不断被淘汰退出市场，新的产品不断被研发出来，一个成功的优秀品牌不仅可以继续代表新的产品，而且可以反作用于产品：它使得企业会按照该品牌所蕴含的品牌价值和品牌个性进行新产品的设计和生产。

由此可见，品牌的概念与产品的概念虽然密切相关，但品牌的概念远远超出产品概念的范畴。品牌除包含产品本身所具有的基本特性以外，还包括品牌使用者形象、原产地、组织联想、品牌个性、品牌符号、品牌与顾客关系、品牌的自我表现性利益和情感性利益等丰富内涵。

（二）品牌与商标的关系

很多人分不清商标（trademark）和品牌（brand）之间的关系，错误地把商标和品牌混为一谈。其实，两者虽然具有共同点，都是用名称、图案区分自己产品和他人产品的可视性标识，具有识别和区隔的功能。但商标和品牌是两个完全不同的概念。

（1）商标是法律概念，品牌是营销概念。商标是一个法律概念，强调的是法律保护，任何一个企业只要到工商管理部门对自己的商标进行了注册，它就拥有了对商标的所有权，别人再使用这个商标就会构成侵权。而品牌则是一个营销概念，是产品拥有市场影响力和号召力、赢得消费者青睐、具有经济价值的标志，强调的是市场效应。例如，化妆品"霞飞"、自行车"永久""凤凰"、剪刀"王麻子"等都是商标，但没有市场效应。

（2）商标是静态的概念，品牌是动态的概念。说商标是一个静态的概念，是指企业只要依法对商标进行了有效注册，在有效期内，它一直享有对商标的所有权，无论注册企业有没有使用这个商标以及这个商标有没有市场效应，其他人都不能再使用。而品牌是一个动态的概念，品牌可以扩展、可以延伸、可以收缩，品牌存在于消费者的心智中，当消费者对该品牌的产品或服务不满意，他可以轻而易举地在脑海里把这个品牌剔除掉，而商标依然存在。

（3）商标是单一的概念，品牌是多元的概念。商标仅仅是企业或产品的识别符号，它包括文字、图案、字体、颜色等具象的形式，是可视的；而品牌则既包括商标等可视性符号，还包括产品的质量、特色、形象、个性、使用者、文化、价值主张等抽象性内容，品牌的内涵多元而且丰富。

（4）商标的使用范围相当规范，品牌的使用范围却很不规范。商标在使用上有严格的规范，只有产品（实体产品或服务产品）才能使用商标，但品牌的使用范围却很不规范。有时一个地名也会成为一个品牌，如北京中关村，美国硅谷；一个艺名"papi酱"、一个外号"铁榔头"（郎平）、一个电视栏目"非诚勿扰""中国好声音""爸爸去哪儿了"，都可以成为品牌。

（三）品牌与名牌的关系

20世纪90年代，"名牌"一词广泛出现在各种媒体报道、政府相关文件、各种会议和社会企业大量的评选活动中。但是很多学者反对使用"名牌"这个概念。他们认为，名牌一词的说法不科学、不严谨，而且政府和媒体大力倡导使用这个词还会产生一定的弊端。早在1997年，中山大学的卢泰宏教授就在《人民日报》上撰文反对使用"名牌"的概念。卢教授认为,"名牌"的提法从字面上强调企业的知名度,这就有可能误导企业家,认为只要出名,就可以成为强势品牌。事实上当年有很多企业并没有真正理解什么是品牌,误把名牌当品牌,盛行炒作、造势、进行广告轰炸,品牌建设误入歧途。最典型的一个例子就是秦池酒厂,为了出名,不惜砸了几个亿的广告费成为中央电视台广告标王,虽然短期内名满天下,但终究由于没有内涵、缺乏深度,最后一败涂地。所以只有切实区分品牌和名牌的不同概念,企业才会真正认识到品牌塑造不是一夜爆红,而是需要长期精心培育和积累。

当然也有学者认为,所谓"名牌"就是指知名的品牌,名牌不仅是指知名度,也包括美誉度。名牌一定是品牌,是具有强大社会影响力的品牌,不应该排斥名牌概念的使用。但大多数学者还是认为不应该使用"名牌"一词,理由是:①"名牌"不是国际通用语言;②"名牌"是个相对的、模糊的概念,难以准确界定和衡量;③使用名牌概念,容易误导企业过于注重品牌知名度,忽视品牌在知名度以外更复杂,也更重要的其他要素,如品牌联想、品牌个性、品牌关系等。

四、品牌的作用

品牌作为企业的一种无形资产,越来越受到企业的重视。美国品牌专家切纳瑞(Chernatory)和麦克唐纳(Macdonald)指出,"一个企业的品牌是其竞争优势的主要源泉和富有价值的战略财富,在未来,谁拥有了品牌,谁就拥有市场;谁拥有了强大的品牌,谁就将成为市场的主导者。"随着市场竞争越来越激烈,品牌在现代市场竞争中已经起到了决定性的作用。

(一)品牌对消费者的作用

1. 识别产品来源,简化购买决策

品牌首先是一个标识,具有识别功能。品牌是产品的标识,代表着产品的品质、特色、承诺。品牌经过国家有关部门登记注册后,成为企业的代号,代表着企业的经营特色、质量水平、产品形象等。随着社会生产力和人民消费水平的不断提高,市场上的商品越来越丰富。但消费者的认知容量以及搜寻信息的时间和能力是有限的。尤其是一些高科技产品,面对扑面而来的规格参数和专业术语,消费者往往很难理解,而不同的制造商提供的产品在技术上又难以区别,为了提高效率,降低搜寻产品的时间和精力成本,最经济合理的办法就是根据品牌进行购买决策。市场调查发现,目前,消费者"认牌购买"已经

成为一种极其普遍的现象。尤其是价格昂贵、技术含量较高的产品，消费者更是依据品牌进行选择。在人们生活越来越丰富、节奏越来越快的现代社会，品牌简化了购买决策、降低了搜寻成本，成为消费者做出购买决定的线索和信号。

2. 追溯生产者责任，降低购买风险

品牌作为一种产品的标记，代表着产品的生产者。当产品出现问题的时候，消费者可以根据品牌追溯到产品的生产者进行解决，从而保障自己的权益。产品一旦打上品牌标识，就意味着生产者给了消费者一份承诺、一种保证，必须对产品的所有方面承担责任。

有学者认为，消费者在消费过程中一般会遭遇到以下六种风险：①功能风险。即产品的性能没有达到生产者的承诺或者消费者的预期；②生理风险。即产品对消费者或其他人的身体健康和安全造成了损害；③财务风险。产品本身并没有物有所值；④社交风险。产品导致消费者在众人面前难堪（如由于质量不好，裤子突然炸线；演唱会上，话筒、音响突然失灵；婚宴上客人吃了不洁食物导致生病等）；⑤心理风险。即产品使用不良给消费者带来精神烦恼或精神伤害；⑥时间风险。即产品未能满足消费者的需要导致消费者不得不重新寻找或重新购买其他产品所花费的时间上的机会成本。

消费者要想降低这些购买风险，最简单的办法就是选择知名度高、信誉好的品牌。对消费者来讲，品牌就是生产者提供给消费者的一种责任、一份承诺，这是以品牌宣示的价值、利益和特征为依据的，品牌为消费者提供优质的产品和服务的保障，满足消费者的需求和欲望。法国学者让·诺埃尔·卡普费雷教授认为，消费者的不安全感是品牌产品存在的基础，一旦不安全感消失，品牌也就不再发挥效力。由此可见，品牌作为一种契约，对消费者起到了强大的保护作用，降低了消费者的购买风险，提高了消费者在购买决策时的安全感。

3. 反映文化价值取向，满足情感需求

随着人们生活水平的提高，很多人购买产品不仅是为了获得功能利益，更主要为了获得一个表达自我的途径，即表达自我、满足情感需求。有道是"我消费，故我在""我消费什么样的品牌，反映出我是一个什么样的人"。消费已经成为人们表达一种生活方式的重要形式了。而品牌具有象征功能，富有情感性利益和自我表现性利益，可以满足消费者表达自我的情感需求。

每个成功的品牌都代表着一种个性、一种文化、一种价值追求，具有丰富的内涵，很多消费者通过购买与自己的个性、气质和理念相吻合的品牌来展现自我。例如，许多年

轻人喜欢"耐克",就是源于耐克"想做就做（Just do it）"这种不被羁縻、不受约束、自由自在的口号与他们的价值追求非常一致；戴上劳力士手表的男人对外传递成功人士的信息；蒂凡尼的服饰传递优雅、高贵、淑女的生活理念……生活就像一个舞台，人们根据自我形象和个性来选择契合自己形象和理念的品牌，而品牌具有的象征功能恰恰能够完美地满足人们物质和精神的需要。

（二）品牌对企业的作用

1. 区隔竞争对手，保障公司权益

品牌在法律上属于品牌主。经过商标注册的品牌是一种知识产权，具有法律上的排他性，任何公司未经许可都不得仿冒其他公司品牌的标识设计、专利技术和外观设计。企业由此保证自己能够提供给消费者独特的产品特征、个性和文化内涵，跟竞争对手的产品形成有效的区隔。例如，可口可乐波浪纹的手写体标识、细腰身的瓶子外观设计就归可口可乐公司所独有，任何仿冒行为都属于违法。

2. 提高产品竞争力，获得市场优势

品牌一旦具有了一定的知名度和美誉度后，企业就可以利用品牌优势占领市场进而扩大市场，形成强大的市场竞争力。具体来说，品牌可以给企业带来以下利益：

（1）品牌可以给企业造就忠诚的顾客。根据顾客忠诚理论，企业80%的收益来自20%的高贡献度顾客，而且企业吸引一个新顾客的成本是留住一个老顾客成本的5倍。消费者一旦对品牌形成认可和偏好，就会对品牌产生忠诚度。品牌有了忠诚度，企业不需要花费太大的市场营销费用，就可以收到很好的效果，降低了经营成本。

（2）品牌代表了一种偏见。一种产品一旦成了知名品牌，即使是没有使用过的消费者也会固执地认为该产品就是精品。例如，很多人并没有开过奔驰车，但他们都会认为奔驰是质量好、性能好的车，就是因为奔驰是知名品牌。品牌不仅能够留住老顾客，还能够吸引新顾客，企业由此节省了大量的市场推广费用。

（3）品牌增强了企业的渠道谈判力。品牌意味着消费者对企业及其产品的认知与认同，意味着消费者的接纳，可以说谁拥有了品牌谁就拥有了市场。在销售渠道，品牌产品因为能给零售企业带来稳定的，甚至高额的利润，受到零售商的追捧。所以强势品牌增强了企业的渠道谈判力，企业可以顺利进入任何一家理想的销售场所。反之，如果不是品牌产品，企业要想进入一些强势零售渠道则非常困难，即使勉强进入，进场条件也相当苛刻。生活中，我们经常可以看到大型超市洗发用品货架上最好的位置摆放的都是美国宝洁

公司的产品，很多不知名企业的产品要么根本进不了这种大超市，要么被弃置在最不起眼的角落里，难以引起消费者的注意，销售状况可想而知。

3. 增加产品附加值，赚取高额溢价

品牌可以满足消费者的心理需要和自我实现的需要，由于优秀品牌具有独特的个性和形象涵义，消费者乐意为自己心仪的品牌支付更高的价格。因此，强势品牌比无品牌或弱势品牌附加价值高，企业可以溢价销售，这就是所谓"品牌溢价"，"品牌溢价"给企业带来了更大的利润收益。正如我们经常可以看到的，中国丝绸服装每年大量出口到美国，贴上国内企业的品牌商标，每件售价仅 20 美元，但如果贴上美国一家公司的品牌标志，售价立刻达到 300 美元；在我国同一个工厂、同一条生产线、同一批生产工人、同一用料、完全相同的款式生产出来的运动鞋，采用本土品牌，售价大约 120 元，如果贴上耐克标志标价则可以达到 800 元左右；华伦天奴一件衬衫标价 800 多元，LV 一个钱包标价 2 000 多元，都彭一只打火机可以标价 6 000 元以上，这些都是品牌溢价在起作用。

4. 形成独特优势，阻击竞争对手

良好的品牌资产，可以设置竞争壁垒，可以为企业面对竞争对手的威胁赢得反应的时间，提高企业竞争力。

现在市场竞争激烈，但凡某一种新产品在市场上取得成功，模仿的竞争者就会蜂拥而来。然而技术可以模仿，渠道可以模仿，甚至经营模式也可以模仿，品牌却难以模仿。一个品牌一旦成为某一领域的强势品牌，它独有的品牌个性、形象、广泛的知名度和美誉度、忠诚的顾客，就会成为这个企业的灵魂，这些是任何竞争者偷不走、拿不掉而又难以逾越的一道鸿沟，会有效地吓阻竞争者的进入。

5. 造就无形资产，助力企业业务扩展

品牌是一种重要的无形资产，它不仅自身有价，更可贵的是，它还能够创造更多的价值。在西方，一些投资者把强势品牌公司的股票作为最主要的投资对象。一些著名企业品牌资产的价值，比其有形资产的价值还要高。尤其是一些世界顶级品牌，其资产价值已经高达数千亿美元。

6. 吸引优秀人才，化解各类风险

品牌企业有着良好的社会声誉，其优秀的业绩、稳定的发展吸引着各方优秀的人才。一个拥有优秀品牌的企业意味着员工具有良好的发展空间、职业前景和社会地位。因此，品牌企业往往比一般企业拥有更多优秀的人才，员工职业忠诚度更高，企业竞争实力更强，企业经营由此也进入良性循环。

另外，当今市场竞争激烈，信息传播迅速，企业要想不出一点危机几乎不可能。然而消费者显然对于自己熟悉或喜爱的品牌会给予更多的宽容和谅解，即使出现问题，品牌企业也更容易从危机中解脱出来。强势品牌使消费者形成的情感和偏见成为企业遭遇危机时有力的防波堤，帮助企业安然渡过惊涛骇浪，大事化小、小事化了。

（三）品牌对国家的作用

品牌不仅是一个企业开拓市场、战胜竞争对手的有力武器，同时是一个国家经济实力和形象的象征。日本前首相中曾根康弘曾经说过："在国际交往中，索尼是我的左脸，松下是我的右脸。"美国的苹果、波音、可口可乐、麦当劳等世界知名品牌，带着美国文化的威力传播到世界各地，影响着世界各国人民的生活方式甚至价值观；德国的奔驰、西门子、博世等品牌代表着德国先进的工业制造能力，令世界各国肃然起敬；日本的丰田、索尼、松下等品牌使日本成为高质量产品的代名词；而韩国的三星、现代、LG又令全体韩国民众在全世界获得了强烈的民族自豪感。可见，品牌不仅代表着一个国家产业发展的水平，而且对外展示着该国的国际形象，承载着构建民族自尊心和自豪感的历史责任。具体来说，品牌对于国家具有以下两个重要作用：

1. 品牌的多寡，影响一个国家的经济发展水平

据联合国工业计划署的不完全统计，当今世界共有品牌产品约 8.5 万种，其中 90%以上的品牌属于发达国家或亚太新兴国家。品牌的多寡，尤其是世界级品牌的多寡，成为一个国家或地区综合经济实力的重要标志。一般来说，一个国家的经济越发达、经济实力越强大，其拥有的品牌也就越多、品牌的地位也就越高。在当今世界经济全球化时代，如果一个国家没有优秀的民族品牌，它可能永远只能充当发达国家的贴牌生产基地，耗费大量的人力、物力和资源赚取一点可怜的加工费。从 Interbrand 公司、福布斯等各类机构对全球最有价值的品牌和最大企业业绩的排行榜来看，一个国家的经济实力和地位，与品牌的多和寡、强和弱有着密切的关系。

2. 品牌的发展状况跟国家的形象相辅相成

品牌与国家形象之间存在着相互作用的关系，一个国家在国际上拥有的品牌数量和品牌声誉反映了该国的国家形象和经济实力；反过来，一个国家的整体形象又影响着该国品牌在国际上的地位和声誉。一般来说，人们对于一个国家品牌的评价跟这个国家的经济实力成正比。例如，发达国家的品牌就很容易被视作高质量产品，发展中国家品牌就很容易受歧视、被怀疑，如人们一般都会主观地认为日本的产品比韩国好，韩国的产品又比马来西亚好,越南或泰国生产的产品就更糟糕。这种情况与其说是对一国产品的评价,还不如说是对该国国际经济地位的评价导致的结果。

第二节 品牌管理内涵

一、品牌管理的含义

现代社会由于经济的发展,企业的竞争由原来的产品竞争、价格竞争和服务竞争越来越多地转为品牌竞争,正如美国著名的广告研究专家拉里·莱特(Larry Light)说的:"未来营销之战将是品牌之战,是为获得品牌主导地位而进行的竞争。企业和投资人将把品牌视为企业最有价值的资产。……拥有市场比拥有工厂更重要。而拥有市场的唯一途径就是拥有占据市场主导地位的品牌。"品牌是企业最重要的无形资产这一观念已经成为营销学界和企业界的共识。正因为品牌的重要性日益突出,因此品牌管理已经成为当今企业管理领域非常重要的一个部分。

所谓品牌管理,就是企业为了创建、培育品牌并不断维护并提升品牌价值、累积品牌资产而开展的管理活动。

过去人们在表述品牌管理时,采用的术语往往比较随意,如品牌建设、品牌经营、品牌运营、品牌塑造、品牌化等,其实这些概念都只是反映了品牌管理的其中一个方面,并没有涵盖品牌管理的全部内容,如品牌建设与品牌塑造、品牌化意思比较接近,都是指品牌的创建;品牌经营和品牌运营则是指品牌建成后对于品牌价值的进一步利用和增值。品牌管理是一个比较大的概念,它涵盖品牌从创建、维护、发展到更新的全过程,贯穿企业经营活动的始终,在品牌学者凯文·莱恩·凯勒、戴维·阿克(David A.Aaker)等学者的大力倡导之下,品牌管理已经从企业营销管理的战术层面上升到了战略层面,成为企业既包括战略性规划又包括策略性活动的一项管理工作。

二、品牌管理的内容

品牌管理包括品牌的创建、品牌的运营以及品牌的维护三个部分,从时间顺序上来讲这也是品牌管理的三个阶段。

第一个阶段是品牌的创建阶段。在这一阶段,企业必须先规划、设计并建立一个完善的品牌识别系统，这一识别系统包括涉及品牌的产品范围、产品属性、产品品质/价值、产品用途、产品原产地等内容的产品识别要素；包括涉及企业文化、企业领袖、企业创新能力、企业地位等内容的企业识别要素；还包括品牌的个性识别要素和符号识别要素，并且提炼出品牌的核心价值。企业只有首先建立起一个清晰、独特的品牌识别系统，才能够吸引消费者的注意，进而引发人们对品牌的美好联想和喜爱。

规划、制定出品牌识别系统之后，管理者还必须进行两项工作，即品牌的定位和品牌的设计。品牌的定位主要是明确跟竞争品牌比较起来，本品牌的特色是什么，和竞争品牌的差异点在哪里。品牌的设计是对品牌名称、品牌标志、产品包装等外在性的品牌符号系统进行规划和设计。企业只有将品牌的核心价值、品牌内涵等抽象的要素转换成可视的、可以感知的、可以传播的符号，品牌才能够和消费者沟通，消费者才能够知晓进而了解品牌。在品牌的各项基本元素设计出来之后，品牌的传播工作就可以就此开展了。因此在品牌的创建阶段，品牌管理工作包括品牌的识别、品牌的设计、品牌的定位和品牌的传播这些内容。

第二个阶段是品牌的运营阶段。品牌创建成功后，作为企业重要的无形资产，企业必须充分发挥品牌资产的作用，一个最常用的经营策略就是进行品牌延伸，所谓品牌延伸就是利用品牌在市场上已经确立起来的知名度和美誉度不断推出新产品，使品牌价值得到更充分的利用；同时给品牌注入更丰富、更具活力的元素，延续品牌的寿命，进一步提升品牌的价值。

随着企业的进一步成长和发展，企业内部品牌越来越多，这些品牌怎样通过科学合理的组合，形成一个有机协调的整体，发挥品牌集团的综合作用，在市场竞争中跟竞争对手展开较量，这就涉及品牌组合管理的问题。品牌组合管理就是从战略的角度解决如何整合企业内部资源、处理好企业内部各个品牌之间的关系，发挥1+1>2的效力，取得品牌价值的最大效益。

品牌创建成功后并不是一劳永逸的，与所有的事物一样，随着社会的发展、市场的变化，品牌会老化、会衰落，为了使品牌充满活力、永葆青春、维持品牌的市场份额和销量，管理者还必须对品牌进行更新。通过科学的更新管理，使品牌始终保持活力、持续辉煌。因此在品牌的运营阶段，品牌管理工作包括品牌的延伸、品牌的组合、品牌的更新这些内容。

第三个阶段是品牌的维护阶段。品牌管理工作包括对品牌资产的管理问题和品牌权益的保护问题。品牌资产管理包括进一步提升品牌资产价值、评估品牌资产等工作；品牌维护管理涉及以下三项工作：一是当品牌权益受到侵害时，如品牌被抢注、品牌被假冒等，企业必须采取一系列管理措施来维护自身品牌的权益；二是当品牌遭遇危机时，企业必须采取危机管理手段，使品牌能够化危为机、化险为夷，走出困境；三是在现代社会，品牌已经不仅是企业营销的战略和策略手段，而是企业的"全权代表"，承担着企业对社会、对股东、对员工、对合作伙伴的责任和使命，品牌的声誉跟企业的声誉紧密相连，因此品牌管理不再停留在对品牌本身进行管理这一狭隘的领域，而是要放到企业的整个社会行为这一广阔领域去管理，即对品牌的社会声誉进行管理。因此，在品牌的维护阶段，品牌管理工作包括品牌资产管理、品牌防御管理、品牌危机管理和品牌声誉管理等内容。

本书正是以企业品牌管理的关键节点作为基点，构建品牌管理的主体知识框架。

第三节　品牌管理面临的困境

品牌管理虽然越来越受到社会各界重视，但近年来市场环境的发展和变化使得品牌管理的难度越来越大，企业在品牌管理方面面临着非常严峻的挑战，深陷各种困境。美国权威学者对品牌管理面临的各种困难及其原因进行了非常全面的概括和研究，但对于如何解决这些难题却束手无策，至今没有提出一个令人信服并且行之有效的解决办法，这也使得人们更加认识到品牌管理的难度之大，由此加速品牌管理的研究也就变得更加迫切和重要。目前，美国学者对品牌管理面临的困境研究情况大致可以归纳有以下三个观点。

一、蒂姆·卡尔金斯（Tim Calkins）的调查结果

2003年，美国西北大学凯洛格商学院的营销学者蒂姆·卡尔金斯做了一个调查。他访问了360个各个行业的品牌管理者，每个被访者都至少有5年以上的品牌管理经验。访谈的结果是，品牌开发所面临的核心挑战主要有三个：短期业绩目标、内外一致性和传播混乱。

（一）短期业绩目标的挑战

企业短期目标的挑战也就是处理短期财务问题，是品牌管理者面临的最大挑战。一方面，管理者需要考虑企业的短期财务业绩；另一方面，培育品牌是一项需要长期投入的工作，而且品牌的市场价值显示出来并且发挥作用给企业带来经济利益，也需要很长一段时间之后才会实现。这就使得企业管理者必须在培育品牌和追求短期业绩二者之间做出选择。遗憾的是，现代企业经理人制度以及激烈的市场竞争压力往往迫使管理者放弃培育品牌，选择后者，即追求短期经营业绩。由此，企业开始了恶性循环：为了追求经营业绩，

企业不惜采用一切有损品牌形象的营销手段，如降价促销；而品牌形象差，产品缺乏市场竞争力，只能依赖低价销售，产品价格低、利润小，企业在市场竞争中处于更加不利的地位，财务困难导致企业更进一步采取各种伤害品牌的营销手段。最终这种恶性循环使企业的品牌建设陷入困境。

（二）内外一致性的挑战

品牌管理中的一致性问题是指品牌开发是否得到了公司上下一致的理解和支持；随着时间的推移，品牌的承诺是否始终如一获得一致的履行；品牌的营销组合是否能始终保持步调一致。要保证所有这些要素持之以恒、长期不变实属不易，其中只要一个小小的品牌接触点出现问题，都会使企业长期累积起来的品牌形象毁于一旦。例如，中国某个航空公司的行李装卸员在飞机上装载行李时野蛮抛掷乘客的行李箱被网友拍到，视频上传到网上，引起公众愤怒，该公司优质服务的企业形象荡然无存。

（三）传播混乱的挑战

传播混乱是由于当前媒体的发达使得消费者每天都处在信息爆棚的状态。目前，媒体不仅形式多元化，媒体的数量也相当惊人，消费者接收信息的渠道非常多。众多的媒体使得社会上的受众呈现碎片化状况，这给品牌管理者带来一个很大的困难就是如何对媒体进行选择，品牌管理者现在已经很难找到一个影响力特别大的媒体来传播自己的品牌信息。各个媒体对于信息的传播还经常会出现观点不一致甚至对立的现象，这就更加加重了消费者对品牌认知的混乱，企业塑造统一的品牌形象、传播一致的品牌理念进而变得非常困难。

二、凯文·莱恩·凯勒对学者观点的归纳

比起卡尔金斯来，美国另外几位营销学者对品牌管理面临的困境问题的研究和归纳更加全面，1994年，肖克（Shank）、斯瑞瓦斯塔瓦（Srivastava）和鲁科特（Rueckert）发表文章认为，品牌管理一共面临16个挑战，包括精明的消费者、更加复杂的品牌家族和组合、成熟的市场、更加复杂和激烈的竞争、差异化的困难、品牌忠诚度降低、自有品牌的增加、贸易权力的增长、分离的媒介、传统媒介有效性的消失、新出现的传播选择、促销开支的增加、广告预算的缩减、产品导入和支持成本的增加、短期业绩导向、工作轮换的增加。凯文·莱恩·凯勒将他们的观点进一步归纳为以下六个方面。

（一）精明的消费者

如今的消费者与以前相比有了很大的改变，如对大众媒体广告信任度降低、对品牌的忠诚度降低、产品知识更丰富等。导致这些变化的原因是商品极度丰富、媒体高度发达、产品网络论坛盛行、消费者消费经验不断增加、企业营销水平不断提高等。这种营销环境以及消费者的变化，使得原来行之有效的营销方法，现在未必仍然可行。以前靠广告轰炸也许就能够打动消费者，现在即使产品知名度很高，消费者依然嗤之以鼻，这样的"知名"产品市场上不计其数，但消费者就是不为所动。仅仅让消费者对品牌注意是不够的，还必须让消费者对品牌信任并且上升为喜爱。消费者对传统的营销手段已经产生免疫力，必须另辟蹊径。

（二）品牌延伸和组合

无论从降低经营风险还是增加利润的角度来看，企业拓宽和延长产品线都有其必要性。不仅如此，随着生产工艺技术的进步，产品线拓宽和延长的速度还在不断增加，随之带来的就是如何处理产品和品牌的关系问题：是采用新品牌还是沿用老品牌？新老品牌之间的关系如何处理？每个品牌在品牌家族的图谱中各自承担什么角色？等等。管理者都必须做统一的规划和部署。

（三）媒体集中度越来越低

由于新媒体的发展以及媒体技术的大幅进步，使得现在社会上的媒体眼花缭乱，令人目不暇接，消费者每天可以接触到数不清的媒体。媒体行业内部的竞争使得各类媒体的制作水平越来越高，内容越来越精彩，消费者的注意力被众多媒体吸引，媒体的集中度大大下降。受众的分散使得企业要想选择一家理想的、传播效果好的媒体难度极大，同时企业品牌建设与传播的成本由此也大为增加。

（四）竞争的加剧

随着科学技术的迅猛发展以及经济全球化的形成，现在企业之间的竞争包括品牌竞争，而且越来越激烈。一些曾经有效的或者独创的营销手段很容易短时间内就通过互联网迅速被全球同行企业所效仿，品牌建设的各种手段因此越来越雷同，极大地加大了品牌创建的难度，企业很难做到花很长时间采用自己独到的营销手段耐心地打造一个基业长青的强势品牌。于是被迫投入短期的市场销量大战中，采用广告轰炸、低价促销、大甩卖等手段，不要说塑造品牌形象了，原有的产品形象都荡然无存。更严重的是，除了生产商同行之间进行品牌的竞争，大量的零售商也采用自有品牌的方式加入市场竞争的行列中来，使得现在企业品牌竞争的广度和烈度都达到前所未有的程度。

（五）成本增加

如今品牌竞争不仅在于难度加大，而且经营成本也居高不下。由于人才、原料、设备、媒体等各项成本不断增加，使得企业研发和推广一个新产品的成本本身就非常高昂，在这种情况下想要再给新产品打造一个新品牌，对于企业来说成本压力之大难以承受，这种情况也抑制了企业创建品牌的激情和动力。

（六）强大的利润压力

企业经理人通常面临一个两难的选择：一方面，要实现品牌的短期利润目标，以证实自己的管理能力；另一方面，又要维护品牌的长期形象，持续投入建设经费。为了保证自己不被董事会解除职务，绝大多数企业经理人会被迫放弃长期目标，转而追求短期绩效，于是不惜采用促销、降价等饮鸩止渴的方式来获得销量的上升，最终的结果自然导致品牌建设中途夭折，即使勉强创建起来也都是短命的、缺乏深厚内涵的品牌，更谈不上建立品牌文化了。

三、戴维·阿克的概括

美国著名的品牌研究专家戴维·阿克在他著名的"品牌三部曲"系列作品《创建强势品牌》一书中也对品牌创建面临的困境进行了归纳总结，他把造成企业创建品牌困境的因素概括为八个方面：①价格竞争的压力；②竞争者的扩张；③市场与媒体的碎片化；④复杂的品牌战略和关系；⑤改变战略的偏好；⑥对创新的偏见；⑦多元投资的压力；⑧短期绩效的压力。

第四节　品牌管理的模式

一、业主负责制

业主负责制是指品牌的决策乃至组织实施全部由企业的高层管理者承担，只有具体的执行工作才授权下属完成的一种高度集权的品牌管理制度。

这种制度在20世纪20年代以前是西方企业品牌管理的主流模式。之所以会采用业主亲自全权管理的模式，是因为当时品牌管理还比较简单，高层管理者自己就能够应付，而且品牌与产品直接捆绑在一起，一个品牌就是指代一种产品，因此品牌管理与产品管理两者并无区别。例如，福特汽车公司的亨利·福特、麦当劳的克罗克、可口可乐公司的坎德勒等都把品牌的创建和发展作为毕生的使命，亲自参与品牌决策的制定和品牌活动的开展。

业主负责制模式的优点是：①决策迅速，有利于整个组织资源的整合；②每个品牌都带有鲜明的创始人个性，因此品牌的个性特征非常突出，各企业品牌之间的差异性比较大。

业主负责制模式的不足是：一旦企业规模扩大，管理者个人没有精力再处理所有品牌的相关事宜，这就不利于品牌价值的进一步拓展利用和品牌的发展。

二、职能管理制

职能管理制是将品牌管理的职责分解到各个职能部门中分头进行管理的一种品牌管理模式。例如，市场部门主要承担品牌的调研工作，研发部门负责产品的研发，生产部门负责产品的生产，销售部门负责产品的销售，广告部门负责品牌的传播与推广等。在20世纪20年代至50年代这种管理模式非常普遍。

职能管理制模式的优点是：①各职能部门分工管理，各司其职，可以使高层管理者摆脱品牌建设与维护过程中具体事务的纠缠，集中精力从事整个企业的长远战略规划；②职能分工提高了品牌管理的专业化水平，使得品牌在日益复杂的市场竞争环境中得以成长。

职能管理制模式的不足是：①各职能部门各自为政，缺乏沟通、协调，难以以一个共同的诉求和声音向外展示品牌的形象、定位和特色；②各部门职权相等、互不隶属，一旦出现问题，很容易出现互相推诿、扯皮的现象，使品牌管理最终陷入无人负责的"三不管"境地。

三、品牌经理制

品牌经理制是美国宝洁公司在1931年首创的一种品牌管理模式，当时一经采用立刻获得巨大成功，成为品牌管理的经典模式，从而开创了真正意义上的现代品牌管理。品牌经理制是指公司为每一个品牌专门设置一个品牌经理，由他全面负责该品牌的策划、生产、创建、维护和发展各项事宜。

在品牌经理制管理模式下，每个品牌除设有一名专职品牌经理之外，还配备若干个品牌助理，再加上分别来自财务、研发、制造、市场推广、销售等企业各个职能部门的人员，共同组成一个品牌管理小组，全面负责该品牌的管理工作。

品牌经理制模式的优点是：①每一个品牌都有一个专职的管理者，负责品牌分析、规划和活动的全过程，从而为品牌的发展提供了组织上的保证；②加强了公司内部各个品牌之间的竞争，优胜劣汰，品牌更加具有活力；③品牌经理负责指挥由公司各个职能部门人员组成的品牌管理小组，小组成员既各司其职，又由品牌经理统一协调指挥，保证了品牌管理各项工作齐头并进、有条不紊、统一协调；④为企业培养了具有综合管理能力的高级管理人才。每个品牌经理都是独当一面的管理者，他必须全面负责品牌从策划、生产、推广、发展的全部决策和执行，而且掌握调度了涉及该品牌的所有职能部门的管理人员和管理工作，事实上成为一个总经理式的综合管理人员，为企业源源不断地培养和输送高级管理人才。历史上，开创了"品牌经理制"模式的尼尔·麦克尔罗伊（Neil McElroy）后来正式成为宝洁公司的总裁，"二战"以后还被任命为美国的国防部长。

品牌经理制模式的不足是：①对品牌管理人员的素质要求很高。每个品牌经理实际上就是一个独当一面的总经理式的综合管理人员，而一个公司要具备足够多的综合性管理人才显然不切实际。一旦某个品牌的品牌经理能力不足，就会直接影响到该品牌的创建与发展；②品牌管理成本比较高。每个品牌管理小组里面都涵盖了企业各个职能部门的管理人员，导致组织机构重叠、人员众多，品牌管理成本高昂；③企业内部各个品牌之间是一种竞争关系，优胜劣汰，这种做法虽然可以增强品牌的活力，但同时造成了企业内部各个品牌相互之间自相残杀、内斗严重；④各个品牌由不同的品牌经理自主策划、管理，导致整个公司的品牌形象杂乱无章，不能对外树立统一的品牌形象、发出一致的品牌声音。这就有可能使整个公司品牌数量虽多，但多而不强，缺乏能够对外一剑制胜的超强品牌。近年来宝洁公司除打造各个产品品牌之外，也着力宣传打造"宝洁"的公司品牌，原因就在这里。

四、品类经理制

1994年，英国《经济学家》杂志发表了题为《品牌经理制的终结》一文，对品牌经理制的弊端进行了尖锐批评。其实早在20世纪90年代初，宝洁公司自身也在反省是否有一种更好的品牌管理模式，这就是品类经理制管理模式出现的原因。品类经理制也称为"品牌事业部制"，是指为多个品牌构成的一个产品类别设置一名经理，由其负责该品类的品牌管理工作。

品类经理制和品牌经理制在本质上是一样的，都是设置专职的管理人员来负责管理品牌，而且品类经理也都是通过手下由各职能部门人员共同组成的品牌管理小组进行管理，是一种矩阵型的组织结构形式。所不同的是，品牌经理制仅仅负责管理一个品牌，而品类经理制则同时负责一个品类里面若干个品牌的品牌管理。例如，美国纳贝斯克公司实行的品类经理制，该公司把所有的产品分为三个品类：成人饼干、营养饼干和儿童饼干。每个品类里面都有若干个品牌，每个品类经理就必须负责管理该品类下面的所有品牌，对该品类里所有品牌的成长都负有责任。

品类经理制模式的优点是：①协调品类内各个品牌之间的相互关系。因为一个品类的目标顾客基本就是同一个群体，由一个经理来统一负责品类内部所有品牌的管理，可以有效地协调好各品牌之间的相互关系，避免自相残杀；②一个品类用一个经理来负责管理，既可以减少机构重叠的数量、降低管理成本，又可以提高品牌管理的专业化水平，提高企业在该产品行业中的地位和影响力。

品类经理制模式的不足是：企业整体品牌形象不统一，企业内部各个品类之间的相互竞争仍然存在，造成企业内耗，不过这种情况的严重程度比品牌经理制要有所下降。

五、品牌管理委员会制

21世纪初，一些跨国公司的品牌管理又出现一种新的模式，即品牌管理委员会。这种模式由企业高层管理者直接担任品牌负责人，各职能部门和各品类负责人担任委员，注重各品类以及各职能部门的协调，称为品牌管理委员会。这种模式实际上更加注重品牌管理在整个企业管理中的战略地位，同时弥补了上述品牌管理模式下沉在企业管理的策略层面的不足。例如，美国的GE、3M、惠普等跨国公司都成立了品牌管理委员会，其主要职责是在公司层面上建立整体的品牌战略，确保各个事业部之间品牌的沟通与整合，由此，品牌不再隶属于某个营销部门管理，而是直接归最高管理层决策。一些企业甚至设立首席品牌官（chief brand officer，CBO）一职来主持品牌管理委员会的工作，品牌管理从企业管理的战术层面上升到了战略层面，成为凯文·莱恩·凯勒、菲利普·科特勒等营销大师一再倡导的战略品牌管理。

品牌管理委员会模式的优点是：①能够有效协调各个品类以及各个品牌之间的关系，统一企业整体的品牌形象；②能够有效协调各个职能部门之间的关系，因为公司内部每一个职能部门的主管都是品牌管理委员会的成员；③有助于树立品牌在整个企业发展战略中的地位，形成以品牌为中心的行动导向，因为品牌管理委员会处于公司最高管理层级，该委员会做出的决策对整个公司都会产生作用。

品牌管理委员会模式的不足是：①高层管理者身居高位，远离市场，对各品牌、品类以及竞争对手的品牌发展情况了解不足，有时难免做出一些脱离实际、过于主观的品牌管理决策；②品牌管理不同于一般的企业管理，它的专业性比较强。有时高层管理者并不具备丰富的品牌管理专业知识与经验，决策时容易出现一些专业性的错误。

第二章　品牌管理实践

第一节　品牌识别管理

一、品牌识别规划的原则

（一）战略性原则

品牌识别系统的建立是品牌管理者为品牌在消费者心目中留下预期形象的规划，属于企业品牌管理的一种战略性行为，因此事先必须做好战略性分析。这种战略性分析包括三个部分：一是顾客分析，包括对顾客购买倾向、市场动态、顾客购买动机、市场细分、未满足的需求进行分析；二是竞争者分析，包括对竞争者的品牌形象与定位、竞争者的优势与劣势分析；三是品牌自身分析，包括对现有品牌形象、品牌传统、品牌自身的优势与劣势、品牌灵魂、与其他品牌的关系进行分析。战略性品牌分析是进行品牌识别规划的前提。

（二）全面性原则

品牌识别系统的建立要得到企业内部员工和外部公众的一致认同与理解。对于品牌的核心价值、品牌的内涵、品牌标识的含义等品牌识别要素，企业内部从上到下全体员工不仅都要理解，更要以行动来体现，通过员工的行动把品牌的精神、品牌的价值主张传递给顾客，否则言行不一，建立起来的品牌识别系统也不可能让公众产生企业预期的品牌形象。

（三）层次性原则

有时构成品牌识别系统的要素很多，但并不是所有的识别要素分量都相等，各个识别要素之间是分层次的。有的要素直接反映了品牌内涵的本质，是品牌识别的核心要素，被称为品牌精髓，品牌精髓是品牌识别中最中心、最持久的要素。如果把品牌比作一个地球仪，那么品牌精髓就是地球仪的轴心，无论地球仪如何转动，轴心是始终不动的。而有些品牌识别要素则相对灵活些，在整个识别系统中处在外围、延伸的位置，起着辅助和补充的作用，这些要素（如品牌代言人、标识物等）可以根据品牌形象传播的需要适时适度做些相应的调整。

（四）稳定性原则

品牌识别系统一旦建立起来，在相当长一段时间内必须保持稳定。塑造品牌形象不是一朝一夕的事，需要通过持久的努力、沟通，以一种滴水穿石般的耐心慢慢累积，才能最终使品牌形象深入顾客的心中。如果今天倡导这个价值，明天主张那个精神，品牌标识动辄换来换去，不仅造成企业品牌建设资金的巨大浪费，品牌形象也模糊不清，顾客根本无法记住这个品牌。

（五）差异性原则

企业建立的品牌识别系统必须具有独一无二的鲜明特征，要能够跟竞争者的品牌识别系统形成鲜明的区隔。如果跟竞争者的品牌价值、品牌内涵、品牌符号雷同，甚至故意效仿，没有差异性，就不可能使本企业的品牌在众多的品牌中脱颖而出，一下吸引顾客的目光，企业建立品牌识别系统的努力也就付诸东流了。

二、品牌识别要素的调整

品牌识别要素的调整是指根据时间和市场的变化，适时地对品牌识别进行恰当的调整。一般来说，品牌的识别尤其是品牌的精髓和核心识别不要轻易变动，但在某些特殊的情况下，对品牌的识别进行适当的调整以保持品牌的生命力也很有必要。

（一）品牌识别要素调整的原因

导致品牌识别要素调整有两个原因：一个原因是随着时间的推移、技术的进步、社会形态和生活方式的转变，人们消费观念和审美心理也会发生变化。如果一个品牌的识别不能适时引入新的内容，赋予品牌时代的特征，就会显得老气、缺乏活力。这样的品牌很快就会被消费者淡忘，甚至被无情地抛弃。反之，适当地调整某些识别要素就可以保持品牌的生命力。例如，在青少年中"酷"文化盛行的今天，可口可乐不失时机地向其品牌识别中注入"酷"的元素，以张扬品牌的个性，强化品牌自由自在的核心价值，就很好地保持了品牌的生命力。

另一个原因是企业在发展过程中对品牌进行了延伸，原有的品牌识别不能适应新产品；或者品牌开展国际化营销之后，原有的品牌识别不能适应跨民族、跨文化的需要，这就需要对原有的品牌识别要素进行适当的调整。例如，20世纪80年代南京长江电风扇厂的知名品牌"蝙蝠"电风扇，蝙蝠的"蝠"字在中国是"福"的谐音，寓意吉祥，但在欧美国家，蝙蝠是邪恶的象征，长江电风扇厂只好将出口海外的电风扇品牌名称改为"美佳乐"；海尔集团的品牌标识海尔兄弟是两个裸露上身的小男孩，产品出口中东国家时，由于不符合伊斯兰教不允许裸露躯体的教规，于是将品牌标识改为英文字母标识"Haier"；法国的人头马在欧洲品牌识别定位是"高雅、尊贵、有品位"，但到了中国香港，广告语就改为"人头马一开，好事自然来"，以适应当地人喜欢发财、有好运的文化特征。

（二）品牌识别要素调整的原则

1. 微调原则

品牌识别要素的调整要根据时机进行调整，而且应尽量以微调为主，切忌做外科手术似的大动作，使品牌识别面目全非。当然，如果原有品牌旗下的主营业务发生了很大的变化或原有的品牌识别证明是失败的，就必须进行大的调整，甚至要全部推倒重来。例如，某烟草品牌原来的品牌识别是按照女士香烟规划的，后来该品牌定位为男士香烟，品牌识别就彻底改头换面，树立了"阳刚、豪迈、勇敢、激情、进取的男子汉气概"的全新的品牌形象，并且大获成功。

2. 渐变原则

如果品牌识别确有必要做较大幅的调整时，应尽可能分阶段进行，减少每一阶段调整的幅度，避免让消费者感到过于突兀，一时无法接受。

3. 不抵触原则

不抵触原则是品牌识别调整最基本的原则。由于多种原因，对品牌识别要素进行适当的调整不可避免，但即便如此，构建新的品牌识别也不能与原有的品牌识别相冲突。"沃尔沃"近年来不断为品牌识别注入一些新的元素，如时尚、美观、现代，但始终强调"安全",从它最新的广告语"焕发激情魅力,安全始终如一"就可见一斑,所以沃尔沃在欧美市场上一直都很畅销。

4. 量力而行原则

量力而行原则是指引入新的品牌识别要素要有相应的支持条件,如要有相应的资金、技术、人力资源等做支持。

总之,品牌识别的调整,要考虑企业自身的条件,做到与时(间)俱进、与市(场)俱进。

第二节 品牌延伸管理

一、品牌延伸的主要方式

品牌延伸可以分为两种:一种是纵向延伸,又称垂直延伸,具体包括向下延伸、向上延伸、双向延伸;另一种是横向延伸,又称水平延伸。

(一)纵向延伸

1. 向下延伸

向下延伸是指原来生产经营高档产品的企业后来决定增加低档产品,即低档产品策略,就是在原来产品组合的高档产品线中增加廉价的产品项目。向下延伸又可以分为两种情况:一种是品牌部分向下延伸,如茅台是高档白酒品牌,后来延伸推出茅台迎宾酒、茅台小王子等中低档白酒;另一种是品牌全部向下延伸,也叫作整体向下延伸,如红旗轿车改为经济型轿车。

企业采取向下延伸策略的主要考虑:①利用高档品牌产品的声誉,吸引购买力水平比较低的消费者慕名购买该品牌产品线中的廉价产品;②高档产品销售量增长缓慢,企业的生产设备不能得到充分利用,为了赢得更多的顾客,把产品线向下延伸;③企业最初进入高档产品市场的目的就是使用高档产品建立品牌,提高知名度和美誉度,打入市场,一旦市场巩固,转而进入中、低档市场,以扩大市场占有率和销售增长率。例如,诺基亚、摩托罗拉在中国市场刚开始都是以高档手机品牌著称,站稳脚跟之后都延伸推出低档手机,抢夺中国市场低端用户;④填补企业产品线空白。

企业采取品牌向下延伸的策略会遇到的主要风险：①品牌形象受到损害。品牌原来代表高档产品，一旦延伸使用到低档产品上，很可能会使企业原有的品牌形象遭到损害，如中国的茅台、法国的佐丹奴，都是因为品牌盲目延伸到低档产品上导致品牌形象受损。所以现在营销界普遍认为企业如果想要推出低档产品，最好采用新的品牌，而不要使用原先品牌（当然如果这样做显然已经不再属于品牌延伸的范畴了）；②企业进军低档市场，很有可能会激怒原先在低档市场的同行企业，导致其采用向高档市场进军的方式来报复，从而使企业自身原有的高档市场受到冲击；③由于经营低档产品的利润比较小，企业的经销商很有可能不愿意经营，这会导致新推出的低档产品市场效果不太理想。

2. 向上延伸

向上延伸是指品牌原来用于低档产品，后来延伸使用到高档产品，如 20 世纪 90 年代南京地产护肤品品牌"金芭蕾"推出高档产品。企业采用品牌向上延伸的考虑：①高档产品畅销，销售增长快，利润高；②企业估计高档产品市场上的竞争者较弱，容易被击败；③提升品牌形象；④企业想使品牌成为旗下产品种类齐全的强势品牌。

企业采取品牌向上延伸的策略同样具有风险：①可能引起原先定位在高档产品市场的竞争品牌企业的反击，他们反向进入低档市场进行报复；②消费者对该企业生产高档产品的能力不信任。例如，南京的"金芭蕾"得不到市场的认可，高昂的价格使消费者宁可购买外国品牌也不愿意购买"金芭蕾"，最后只能黯然退出市场；③企业原来的经销商缺乏经营高档品牌的能力和经验。

3. 双向延伸

双向延伸即原来定位于中档产品市场的品牌在巩固了市场优势后，向产品线的上、下两个方向同时延伸，品牌既覆盖使用到高档产品，又覆盖使用到低档产品。双向延伸的优势和风险与向上延伸和向下延伸相似。

（二）横向延伸

横向延伸又称水平延伸，是指品牌旗下的产品在档次上并没有发生变化，只是品牌延伸使用到不同的产品上。横向延伸具体又可以分为产品线延伸和产品类别延伸。

产品线延伸是指母品牌被用来推出原产品大类中针对新细分市场开发的新产品，如不同口味、不同成分、不同型号、不同尺寸的新产品。例如，康师傅从红烧牛肉面延伸到海鲜面、香菇炖鸡面、酸菜鱼面等产品，就属于产品线延伸。产品线延伸是品牌延伸的主要形式。

产品类别延伸又称大类延伸、品类延伸，是指母品牌被用来从原产品大类进入另一个不同的产品大类。法国品牌学者卡普菲勒教授把产品类别延伸又进一步细分为连续性延伸和非连续性延伸。像日本的本田利用"本田"之名推出了汽车、摩托车、铲雪车、除草机、轮机和雪车等，就属于连续性延伸；三菱从重工业延伸到汽车、银行、家电乃至食品，则属于非连续性延伸。

二、品牌延伸的规律

品牌管理者在进行品牌延伸之前应掌握并牢记品牌延伸的规律非常重要，它有助于管理者减少品牌延伸的失误，避免品牌延伸失败给母品牌带来损害的风险，同时提高品牌延伸的成功率。

（一）品牌定位的宽窄同品牌延伸力成正比

如果品牌定位比较宽，即主要表达情感、展示价值观，则品牌的核心价值包容性就比较强，品牌延伸力就比较强，能够延伸覆盖多个种类的产品。例如，海尔品牌定位"真诚到永远""真诚"的包容性很强，所以海尔从冰箱延伸到空调、电视机、热水器等几十种家电都获得了成功；雀巢定位的核心价值是"温馨、有亲和力"，所以雀巢能包容咖啡、奶粉、冰激凌、饮料、矿泉水等多种产品，并广为消费者所接受。

反之，如果品牌定位比较窄，主要表达功能性利益，优点是定位相当清晰，但品牌延伸力就比较弱。例如，海飞丝"去屑"、舒肤佳"除菌"、立白"不伤手"，延伸的难度就比较大，即使延伸，新产品距离原产品也不能太远。

正如卡普菲勒教授的品牌延伸能力模型所得出的结论：品牌内涵越抽象，品牌延伸力就越强；品牌内涵越具体，品牌延伸力就越弱。

（二）品牌美誉度高低同品牌延伸力成正比

美誉度较高的品牌往往拥有良好的信誉和消费者的信赖，消费者往往基于对原品牌的信赖，能够在短时期内接受品牌延伸的新产品。相反，美誉度一般的品牌，其延伸产品往往会令消费者怀疑企业的能力和动机，较难获得成功。

（三）品牌纵向延伸往往不会获得较好的成果

高品质品牌推出低档产品，往往会损害品牌原有的高贵形象，挫伤原消费群体的积极性，稀释原品牌的价值，给企业造成难以挽回的损失。同样，低档形象的品牌也很难向上延伸，因为品牌的低档形象在消费者心中已经根深蒂固，很难扭转。所以很多企业推出高端新产品时，往往不再使用原来的品牌，而是采用一个新品牌，如丰田推出的高档车就采用了"雷克萨斯"这一新品牌，但这已经不属于品牌延伸的范畴了。

三、品牌延伸成功的策略

（一）提炼品牌核心识别，使现有品牌能够在不同档次的市场上共同发挥作用

例如，英国维珍品牌的核心价值是反传统，这种核心识别使维珍品牌在众多类型的产品市场和高、中、低不同档次的市场上都能发挥作用，从而使维珍品牌成功地延伸到很多行业，涉及众多产品。

（二）采用主副品牌

采用主副品牌一方面可以利用主品牌的优势和联想进入新的市场，另一方面利用副品牌的作用有效地使新产品与原品牌形成一定的区隔，以免一旦延伸失误伤及主品牌的形象。

（三）创建或购买独立的新品牌，从而进入高端或低端市场

例如，丰田进入高端汽车市场就重新创建一个新品牌"雷克萨斯"，吉利进入高端汽车市场是收购瑞典的知名品牌"沃尔沃"，但这种做法其实已经不是严格意义上的品牌延伸，而是属于企业的业务延伸范畴了。

（四）通过与有声望的品牌进行合作，建立联合品牌，增加新产品的可信度

例如，索尼是世界知名的电子产品品牌，当它把业务延伸到手机行业时，采用与瑞典的爱立信联合的方法，双方合作推出"索爱"品牌。爱立信在通信技术上具有优势，索尼在产品的时尚、创新、领导潮流方面举世闻名，两厢结合，符合当时市场上顾客对于手机不仅是通信工具，还是时尚、好玩的娱乐用品的期望。所以这一策略对于两个公司来说，品牌延伸都很成功，达到了双赢的局面。

第三节　品牌组合管理

一、单一品牌战略

（一）单一品牌战略的定义

单一品牌战略又称统一品牌战略，指企业所有产品都使用同一个品牌。例如，雀巢公司生产的3000多种产品包括奶粉、咖啡、牛奶、冰激凌、柠檬茶、药品、化妆品、调味品等都使用"雀巢"这一个品牌；日本佳能公司生产的照相机、传真机、复印机等产品也都统一使用"Canon"这一个品牌。此外，三星、达能、西门子、飞利浦、海尔、康师傅、娃哈哈等实施的也都是单一品牌战略，它们旗下产品众多、形态各异，但都共同使用一个主品牌。

有的企业产品门类跨度很大也共享一个品牌。例如，GE（美国通用电气公司）旗下的汽车、电力机车、冰箱、核磁共振设备、金融服务都共用"GE"这一个品牌；韩国现代集团的汽车、家电、化工、轮船等也都共用"现代"一个品牌。英国维珍集团是跨行业经营使用单一品牌的典范，它的经营领域广阔，涉足传媒、唱片、饮料、化妆品、铁路、航空、金融、电信、博彩、火箭、婚纱等几十个行业，它们都共享"维珍"一个品牌。海尔是本土实施单一品牌战略最为成功的企业。海尔从1984年生产第一台冰箱到现在拥有冰箱、空调、洗衣机、电视机、计算机、手机等多个产品类别，形成一个蔚为壮观的产品大家族，把海尔"真诚到永远"的品牌理念拓展到旗下每一个产品中。

（二）单一品牌战略的优点

第一，企业把所有的品牌建设费用集中在一个品牌上，可以大大节省费用支出，集中所有资源打造一个强势品牌。

第二，企业在推出新产品时，可以借助母品牌的影响力，以最低成本迅速占领市场，这就是"大树底下好乘凉"。

第三，众多产品共用一个品牌，品牌符号在消费者视线里反复出现，可以有效提高品牌的市场能见度，有利于品牌价值的不断累积和提升。

第四，企业始终保持一个品牌形象对外，有利于消费者清晰地认知和记忆品牌，提高消费者的认知度及品牌的知名度。

（三）单一品牌战略的缺点

第一，使用单一品牌战略最大的问题就是品牌旗下涵盖的产品太多，跨度太大，稀释了品牌个性，模糊了消费者心中的品牌形象，不利于品牌产品建立起在行业中的专业形象。

第二，采用单一品牌战略会面临一个很大的风险，即一旦品牌旗下某一个产品出现问题，极有可能祸及其余、一损俱损，波及并损害母品牌及其他产品的声誉。例如，1973年，由于雀巢公司一再宣传其奶粉的母乳替代作用，激起了长达十年的全球抵制雀巢运动。该运动最初由慈善和宗教团体发起，最后形成一场席卷全球的世界性运动，其中以美国市场抵制最为激烈，这场运动高举"维护母乳喂养"的大旗，反对雀巢等公司肆意在发展中国家推销婴儿奶粉，结果雀巢旗下所有产品都遭到消费者抵制，包括咖啡、饮料、食品，造成雀巢公司损失惨重。

第三，一个品牌难以充分展示公司旗下不同产品各自的优势和特点，所以很多采用单一品牌策略的企业有时为了突出不同产品的个性，不得不辅之以副品牌战略，即给不同产品起一个生动传神的名字做副品牌，以此形成不同产品型号之间的区隔，彰显出不同产品的差异化个性。例如，海尔系列冰箱根据容量大小分为"海尔——小王子""海尔——双王子""海尔——大王子"，根据冰箱产品特色不同分为"海尔——帅王子""海尔——金王子""海尔——冰王子"。

（四）单一品牌战略适用的范围

1. 品牌核心价值比较抽象，可以包容品牌旗下所有产品

例如，"维珍"的品牌内涵是"叛逆、创新、自由"，"维珍"品牌虽然共享于多个行业领域，但它的消费者其实都是一种类型的人群，都是个性另类、不愿意循规蹈矩、叛逆的年轻人，"维珍"在消费者心中并不仅是航空、饮料或服饰等产品标志，而是一种另类、叛逆的生活方式象征。正是这种品牌内涵在"维珍"各类产品上的统一体现，才成就了"维珍"这个品牌世界颠覆者的成功。

2. 企业实力不够雄厚，难以支撑多个品牌

打造一个品牌非常昂贵，从品牌的设计规划到宣传推广，都需要持之以恒的投入。企业实力如果不够雄厚，那么集中企业所有的资源全力打造一个品牌，然后让公司旗下所

有的产品都能受益显然是最经济、最现实的策略选择。

3. 品牌旗下不同产品有较高的关联度，消费者对品牌产品的个性化要求并不高

许多采用单一化品牌战略的大多数是工业品和耐用消费品企业，在这些领域，消费者在购买时主要看重专业技术和品质，对于个性化、差异化要求并不高，因此单一化品牌战略反而有利于提高知名度，打造实力雄厚的企业品牌形象。例如，润滑油领域的世界各大跨国公司基本采用单一品牌，如美孚、壳牌；耐用消费品行业中的汽车业宝马、奔驰、劳斯莱斯；电子业的三星、索尼、松下；计算机行业的IBM、戴尔等。

4. 企业产品的市场容量不大

尽管企业经营的产品种类较多，但每个产品的市场容量都不大，多品牌策略显然会白白增加品牌建设与管理成本，浪费企业资源，采用单一品牌策略既经济又高效。

5. 竞争品牌也采用单一品牌战略

根据企业竞争的常规经验，企业往往可以采用跟竞争者相类似的竞争战略，如影随形、贴身肉搏的竞争战略效果反而更好。例如，耐克和阿迪达斯，奔驰和宝马，波音和空客，康师傅和统一，都采用单一品牌战略；反之，宝洁采用多品牌战略，联合利华也毫不犹豫地采用了类似的多品牌战略。

二、多品牌战略

（一）多品牌战略的定义

多品牌战略是指一个企业同时拥有两个或两个以上相互独立的品牌。采用多品牌战略的企业将许多不同的品牌投入市场中，满足消费者的差异化需求，从而最大限度地占领市场。

多品牌战略有一品一牌、一品多牌两种形式。一品一牌是指企业的每一类产品使用一个品牌，一品多牌是指每一类产品使用多个品牌。

宝洁公司是实施多品牌战略成功的典范。宝洁的营销原则是：如果某一个细分市场还有发展空间，最好由自己的品牌去占领。因此，宝洁公司的品牌频频出击，形成一个庞大的多品牌家族。宝洁公司旗下有几百个小品牌，80多个独立大品牌，其产品覆盖洗发护发、美容护肤、个人清洁、妇女保健、婴儿护理、家居护理等诸多领域。宝洁的洗发水就有飘柔、潘婷、海飞丝、沙宣、伊卡璐五大品牌，洗衣粉有碧浪、汰渍；香皂有舒肤佳；牙膏有佳洁士；女性卫生巾有护舒宝；婴儿纸尿裤有"帮宝适"和"好奇"。

联合利华也是实施多品牌战略成功的企业，联合利华的洗护用品和冰激凌采用一品多牌，洗衣粉和茶叶采用一品一牌。例如，洗发水品牌有夏士莲、力士、多芬，牙膏品牌有洁诺、皓清、中华，冰激凌品牌有和路雪、曼登琳、百乐宝、可爱多、可丽波、梦龙、千层雪，洗衣粉品牌有奥妙；茶叶品牌有立顿。

（二）多品牌战略的优点

1. 凸显品牌个性，满足消费者差异化需求，增强品牌竞争力

当今社会，消费者需求更加多元化，如果企业发展多个品牌，每个品牌的个性或利益点都切中某一部分细分市场，那么这些品牌比那些"万金油"式的品牌会更具有竞争力。例如，宝洁公司五大洗发水品牌各司其职，飘柔使头发更加柔顺，海飞丝"去头屑"，潘婷营养头发，使头发不干枯、分叉，沙宣美发造型专家，伊卡璐"来自大自然的天然清新"，满足了不同的消费者需求。

2. 降低企业经营风险

当某个品牌遭遇危机时不会株连其他品类，"不把鸡蛋放在一个篮子里"。例如，2006年9月宝洁公司旗下的化妆品品牌SK-Ⅱ被中国国家市场监督管理总局检测出含有铬和钕等国家明令禁止的物质，宣布召回产品，但丝毫没有影响到宝洁其他品牌产品在中国市场的畅销。

3. 有利于鼓励企业内部竞争，提高工作效率

企业内各类产品不同品牌之间的竞争，可以激发员工士气，提高工作效率。通用汽车公司和宝洁就是通过各品牌之间的相互竞争，促进共同发展。

（三）多品牌战略的缺点

1. 多品牌战略是强者的游戏

打造一个品牌的代价非常昂贵，如果没有充足的财力作后盾，企业很难支撑，如宝洁公司一年的广告费就高达几十亿美元。同样是日用化工产品企业，欧莱雅、宝洁和联合利华都采用了多品牌策略，而大部分企业则选择了单一品牌策略，包括日本知名的企业"资生堂"和"花王"，原因就是多品牌战略的品牌管理成本实在太高，一般企业难以承受。

2. 不利于企业资源共享

采用多品牌战略后，企业内部各品牌之间成为一种竞争关系，各个品牌互相争夺资

源，不仅不能实现资源共享，还增加了企业运营成本，处理不好在市场上还会使自家的品牌自相残杀。

3. 品牌结构过于复杂，增加了品牌管理难度

品牌一旦过多，产品之间的差异就模糊不清，不要说消费者了，有时即使是经销商也搞不清楚各个品牌产品之间的区别。因此一旦企业内品牌过于复杂，造成品牌个性模糊，企业就会进行品牌瘦身计划，大力削减品牌数量，精兵简政。例如，通用汽车公司堪称汽车品牌大家族，最多时拥有30多个汽车品牌，由于投资过于分散，品牌个性不鲜明，结果市场收效并不理想。后来通用汽车公司采取了大规模的品牌瘦身运动，砍掉了很多影响不大的品牌，集中力量打造凯迪拉克、别克、欧宝、雪佛兰这"四大金刚"；联合利华也曾实施过名为"成长之路"的品牌瘦身计划，5年内将旗下1 600多个品牌削减到了400多个，以突出联合利华核心品牌的优势。

（四）实施多品牌战略的条件

1. 多品牌战略是地地道道的"富人俱乐部的游戏"，企业没有雄厚的财力切莫轻易尝试

打造一个有影响力的品牌动辄需要数千万、上亿元的投入，而且据统计，最终能够成功的新品牌仅为30%，大多数品牌中途就夭折了。所以实力有限的企业与其四面出击，分散资源，还不如集中全力打造一个具有竞争力的品牌。在实践中，很少有中小企业、成长型企业运用多品牌战略获得成功的案例。

2. 企业内同类产品的不同品牌应针对不同的细分市场，避免不同品牌之间自相残杀

一个企业同类产品推出多个品牌，其最终目的是要占领不同的细分市场，满足消费者的差异化需求，最大限度地占有市场份额。如果同类产品推出的多个品牌之间毫无差异，目标市场相互重叠，其实就等于自相残杀，没有意义。因此，企业实施多品牌战略不是简单地在一种产品上贴上不同的牌子，而是应该打好差异化营销这张牌，在产品的功效、包装、宣传等方面突出各个品牌独特鲜明的个性，寻求每个品牌各自的市场空间，避免市场重叠。例如，宝洁公司旗下的洗发水共五个品牌，各有各的利益点，针对不同的消费需求，品牌个性非常清晰明确。

3. 每个品牌所针对的细分市场应该具备相应的市场规模

企业实施多品牌战略，如果一个品牌所针对的目标市场容量太小，销售额不足以支撑一个品牌的生存和发展，那么推出这个品牌就很难成功。例如，中国台湾地区人口总数不过 2 300 多万，细分市场的人口数量就更少，如此小的市场规模很难承受多品牌的生存，因此中国台湾地区的企业几乎都是采用单一品牌战略，如中国台湾统一公司旗下的方便面、饮料、果汁、茶、奶粉等都使用"统一"这一个品牌。反之，中国大陆市场人口众多、市场规模大、地区差异大、消费者需求差异显著，具备实施多品牌战略的市场条件。

4. 企业必须具备成熟的品牌运作管理体系和能力

通常情况下，一个企业打造一个品牌已经让管理者如履薄冰，疲惫不堪了，面对多个品牌，如果没有成熟的品牌运作管理体系和管理能力，从容应对处理错综复杂的品牌问题，很容易陷入管理混乱的困境。因此，企业实施多品牌战略，其必要条件就是要先建立起一个成熟的品牌运作管理体系，具备丰富的品牌管理经验。

三、主副品牌战略（母子品牌战略）

（一）主副品牌战略的定义

所谓主副品牌战略，就是以一个成功的品牌作为主品牌，涵盖系列产品，同时给不同产品起一个生动活泼、富有魅力的名字作为副品牌，突出产品的个性。

一个企业在创业初期往往产品较为单一，企业名、品牌名、产品名三位一体，不存在企业总品牌与各个产品品牌之间的关系协调问题，然而随着企业的发展壮大，产品种类逐渐增多，企业就无法回避一个品牌战略问题：是采用单一品牌战略，让所有的新产品沿用原有的品牌？还是采用多品牌战略，重新建立一个新品牌？或者采用其他什么方法？

如前所述，单一品牌战略和多品牌战略都各有利弊。单一品牌战略最大的好处是新产品能够"搭便车"，借助原有品牌的影响力，降低营销成本。但单一品牌战略的问题是：原品牌对新产品的带动力（延伸力）是有限的，如果一个品牌旗下产品过多，会导致品牌个性模糊，消费者认知出现混乱。

多品牌战略虽然克服了单一品牌战略品牌个性稀释的缺陷，但新产品无法共享原有成功品牌的影响力，而建立一个新品牌不仅投入大、周期长而且风险也大，只有像宝洁这样实力雄厚而且品牌管理经验丰富的企业才敢选择这样的战略。

因此，企业摆脱这种两难境地的有效方法就是采取中庸之道——主副品牌战略。如"松下——画王""飞利浦——视霸""东芝——火箭炮""海尔——小神童""喜之郎——水晶之恋""长虹——红太阳""美的——超静星"等，就是"主品牌＋副品牌"形成主副品牌战略。

（二）主副品牌战略的作用

1. 张扬产品的个性和特色

一个主品牌不可能把旗下每个产品的个性都充分展示出来，而副品牌正好可以弥补它的不足。副品牌可以栩栩如生地展示每个产品的个性、功能和利益点，让消费者一目了然。主品牌和副品牌同时使用，既可以保持各种产品在消费者心中的整体形象，又可以传达不同产品特色、功能等各方面的个性信息，两者相得益彰，使品牌形象更加丰厚，富有立体感。

例如，"海尔——神童"生动地展示了这种洗衣机的特点和优势，即计算机控制、全自动、智慧型；"海尔——先行者"显示了该款彩电采用尖端新技术，质量功效有突破性进步的产品特点；"松下——画王"传神地表达了该彩电显像管采用革命性新技术，画面色彩鲜艳、逼真自然等产品优点。

2. 引发联想，促进销售

副品牌一般会选用生动形象的名字，赋予产品浓郁的感性色彩，所以往往能够贴近消费者的审美观念，给产品注入新鲜感和兴奋点，从而引发消费者美好的联想，吸引情感性消费。例如，"喜之郎——水晶之恋"是喜之郎专门针对年轻女孩推出的果冻产品，不少女孩购买这种果冻正是被其"水晶之恋"品牌名称蕴含的"纯情、浪漫"的意境打动；"乐百氏——健康快车"朗朗上口，引人联想到它的富有营养价值的产品特点。

3. 副品牌对主品牌有反哺作用

副品牌运用得当，对主品牌的价值也有提升作用，可以强化主品牌的核心价值，赋予主品牌现代感、时尚感，使主品牌更加立体丰满、充满活力。同时，众多的副品牌还可以使消费者产生企业实力强、创新快、活力足的印象，从而提升主品牌在消费者心中的美誉度和信赖感。例如，长虹既有面向低端市场的品牌"红太阳"，又有面向高端市场的"精显"品牌，使消费者认识到，长虹不但擅长打价格战、占领低端的农村市场，也是一个有能力开发新技术、生产尖端产品的企业。

4. 巧妙绕过商标法的限制

《中华人民共和国商标法》第八条规定："任何能够将自然人、法人或者其他组织的商品与他人的商品区别开的标志，包括文学、图形、字母、数字、三维标志、颜色组合和声音等；以及上述要素的组合，均可以作为商标申请注册。"采用副品牌就可以有效地回避这一规则限制。例如，海信不能注册"智能王"商标，但是通过命名副品牌"智能王"，照样可以打出"海信——智能王"的广告进行产品宣传。

（三）实施主副品牌战略应注意的问题

1. 以主品牌为重心，切忌喧宾夺主

在主副品牌中，主品牌是根基，副品牌是主品牌的延伸，主品牌起主导作用，副品牌起辅助作用。所以企业在广告宣传时应该以主品牌为重心，副品牌处于从属地位，副品牌不能喧宾夺主，超越主品牌。否则，突出副品牌等于重新建立一个新品牌，要使消费者认知一个新品牌，一切又要从头开始。

2. 副品牌的名字要能凸显个性、通俗活泼

主品牌的名字一般来说是为了获得比较宽泛的覆盖面，往往起得比较抽象甚至没有具体含义，以便产品的延伸，如海尔、索尼，但副品牌的名字则应该正好能够弥补主品牌名字的这一不足，生动形象、凸显个性，直接展示产品的优点和个性特征。例如，海尔电热水器副品牌起名为"防电墙"，直观地表达了产品的利益点，使消费者一目了然，所以该热水器一上市，立刻受到消费者的追捧，销量雄踞同类产品榜首。

3. 副品牌要契合目标市场

任何一个品牌要想参与市场竞争，都应该明确自己的目标市场，副品牌也是如此。例如，"海尔——小神童"洗衣机的目标顾客主要针对单身人群或老年人，而"海尔——神童王"属于功能多、容量大的高档洗衣机，目标顾客针对现代城市家庭；"长虹——红双喜""长虹——红太阳"主要以中小城市或农村为目标市场，而"长虹——精显"则瞄准大城市中高端消费市场。

4. 副品牌一般不额外增加广告投入

使用副品牌后，企业在广告宣传中的主角仍然是主品牌，副品牌一般都是依附主品牌出现在广告宣传中，扮演配角，并不单独对外宣传。这样，副品牌一方面能够借助主品牌的巨大影响力张扬自己的个性形象；另一方面也不会额外增加广告投入，降低了营销成本。

四、担保品牌战略

（一）担保品牌战略的定义

人们在飘柔、潘婷、汰渍、护舒宝等众多产品广告中，最后总能看到一句话"宝洁公

司，优质产品"或者"宝洁公司美化你的生活"的字样及"P&G"的标识；可口可乐公司的所有产品在包装上都印有"可口可乐荣誉出品"。这就是担保品牌战略的运用。

担保品牌战略是指企业品牌出现在产品广告或包装的不显著位置，告诉消费者该企业是产品品牌的制造商或核心技术与元件的供应商。对独立的产品品牌起到担保或支持的作用，以此获得消费者的信赖。形象一点来说，担保品牌战略就是让产品品牌站在聚光灯下，企业品牌则站在后面托着它。担保品牌战略与主副品牌战略最大的不同是：担保品牌战略中产品品牌是主角，企业品牌或家族品牌是站在它身后给它撑腰、给它支持的配角；而主副品牌战略中企业品牌或家族品牌是主角，指代产品的副品牌是配角，对产品起到进一步补充说明的作用。

担保品牌战略主要是通过企业品牌在一定领域内的信誉度和影响力，向消费者担保承诺其旗下产品品牌在品质、技术和信誉上的可靠性，使消费者感觉到既然该产品品牌出自名门，品质当然会有可靠的保障，从而增强产品品牌的权威性，提高消费者的信任度。特别是当企业的新产品品牌进入市场时，担保品牌战略能够打消消费者对新产品的陌生感，使新品牌迅速占领市场。当然在担保品牌战略中，承担担保作用的企业品牌与被担保品牌之间也是"一荣俱荣，一损俱损"的关系，产品品牌做得好，可以起到反哺担保品牌的作用，担保品牌由此更加光辉亮丽；反之，如果被担保的品牌出现失误，也会株连起担保作用的原有品牌的声誉。

（二）实施担保品牌战略应注意的问题

第一，担保品牌应该具有很大的品牌价值，拥有较高的品牌知名度、美誉度，能够惠及旗下的产品品牌。实施担保品牌战略的企业，如宝洁、可口可乐、联合利华、五粮液等都是叱咤风云的知名企业。

第二，企业品牌只是起到让消费者信任的作用，驱动消费者购买的重心还是产品品牌，所以企业品牌很少与产品品牌连在一起亮相，企业品牌一般隐在角落后面出现。

第三，企业品牌如果同产品品牌的个性内涵相距很远，则不适宜采用担保品牌战略。当一个过去生产中低档产品的企业推出高档产品品牌时，即使企业具有良好的声誉，也不宜采用担保品牌战略，因为企业品牌的联想不仅不能担保和支持高档品牌的推广，反而还会降低消费者对高档品牌的信任度，这种情况下企业就应当尽量割裂或淡化产品品牌和企业品牌之间的关系。

例如，长春一汽曾经推出一款中档轿车品牌——奔腾，想要沿用"一汽"这个国有老企业的品牌声望，于是就把"一汽"的企业标识醒目地放在车头的中央，而把"奔腾"

作为汽车的型号标识，放在车尾的右侧，然而"一汽"由于在红旗轿车延伸策略上的失误，使得消费者并没有对"奔腾"汽车产生兴趣。所以"一汽"这个负重的品牌不仅没有起到担保、推荐的作用，相反还降低了"奔腾"在消费者心中的地位。

五、联合品牌战略

（一）联合品牌战略的定义

1."联合品牌"与"品牌联合"之辨析

品牌联合是不同的企业联手进行的一种联合营销行为，如联合促销，两个或两个以上的品牌联合开展某种促销或广告活动，以此扩大影响和销量。例如，2003年嘉里粮油和苏泊尔开展金龙鱼和苏泊尔联合品牌推广活动，活动主题就是"好锅好油，健康新食尚"，双方投入2 000多万元，并且在市场、品牌推广、销售渠道共用、媒体投放等方面展开深度合作。再如，柯达和可口可乐也曾在中国推出"巨星联手、精彩连环送"的促销活动，即"消费者购买6罐装的可口可乐，可获赠1张柯达免费冲卷，免费享受1卷胶卷的优惠"；反过来，消费者在"柯达快速彩色连锁店冲印1整卷胶卷，可以获赠1罐可口可乐"，这一联合促销活动吸引了很多消费者参加。

除上述短期的促销合作外，品牌联合还可以有比较长期的合作方式。例如，双方结成商业联盟，目前，世界上绝大多数航空公司共同签约"寰宇一家"或"星空联盟"，加入联盟的各家航空公司的乘客可以在联盟内部航班之间签转，极大地方便了乘客，也提高了联盟内部的上座率和利润。

长期合作的方式还包括品牌合作营销。例如，英特尔公司与知名计算机制造商的合作堪称品牌联合进行合作营销的经典之作。英特尔是世界上最大的计算机芯片制造商，为了提高英特尔的品牌影响力，英特尔联合戴尔、IBM、惠普等计算机制造商，采用给予折扣的方式鼓励这些公司在他们出品的计算机上打上醒目的"Intel Inside"的品牌标识。英特尔与计算机生产商品牌合作的结果是：在没有投入大量广告宣传费用的情况下，"Intel Inside"迅速在全球家喻户晓，几乎成了电脑微处理器的代名词；而打上"Intel Inside"标识的计算机得到消费者极大的信任，变得更加畅销。同样，固特异公司宣称它生产的轮胎是奥迪、奔驰推荐使用的部件。

综上所述，品牌联合战略是不同企业品牌之间进行合作的营销战略，不属于品牌战略，更不等同于企业在品牌建设和规划中采用的联合品牌战略。笔者认为，作为企业品牌规划管理的品牌战略之"联合品牌战略"采用狭义的定义更为科学、准确。

2. 联合品牌战略的狭义定义

所谓联合品牌战略是指两个或者两个以上不同所有者的品牌共同使用在同一个产品上，相互借势，共同发展，以实现"+"的效果。

（二）联合品牌战略的作用

1. 实现优势互补，开发新产品

联合品牌中的各个品牌要素，在不同的方面各自具有自己独特的优势，其中一个品牌具有的某种优势可能恰恰是另一个品牌所缺乏的特性。因此，通过品牌之间的合作打造一个联合品牌正好可以实现优势互补，开发出一个有市场、有说服力的新产品。正如美国明尼苏达大学的一位教授说："当品牌单独出现没有说服力时，联合品牌可以更好地标明产品的品质。"

近年来，华为与荣耀（Honor）的合作模式成为品牌管理领域的一个经典案例。荣耀最初作为华为的一个子品牌，主要面向年轻消费者，凭借较高的性价比和独特的营销策路迅速崭露头角。然而，随省市场竞争的加剧和华为品牌形象的进一步提升，荣耀的定位和市场表现逐渐趋于独立，最终华为在2020年决定将荣耀出售给深圳市智信新信息技术有限公司，旨在保证荣耀的独立性和品牌的未来发展。

这一战略决策标志着华为与荣耀在品牌管理上的新一轮合作与发展。通过这一举措，华为不仅能将自身的高端智能手机定位进一步巩固，还能通过荣耀实现品牌的多元化，以覆盖更广泛的市场需求。在品牌管理战略上，华为与荣耀的合作体现了两个主要的战略方向：优势互补和市场细分。华为拥有强大的研发能力、技术创新和高端产品的市场声誉，而荣耀则能够迅速切入年轻人市场，推出设计时尚、价格亲民的产品。这种品牌合作使两者能够互为支撑、共享资源，同时避免在市场上形成内部竞争。

通过这种合作战略，荣耀可以在华为的技术支持下，迅速提升其产品的性能和品质，而华为则能够借助荣耀的灵活市场策略和亲民价格，迅速扩大在中低端市场的占有率。华为与荣耀的合作不仅避免了产品线的重叠，还通过品牌的差异化定位在全球手机市场中找到了一个独特的平衡点，使得两者在市场中都能够获得自己的空间并实现各自的品牌目标。

2. 提高品牌的延伸能力，同时强化了原有品牌的个性和内涵

联合品牌实际上找到了一种进入新市场的新的途径。一般情况下，企业要想进入一

个新市场，或者创造一个新品牌，或者将现有品牌进行延伸。如果创造新品牌，成本高、时间长、风险大；将现有品牌进行延伸，又会面临品牌个性模糊、内涵稀释的风险。而通过品牌联合进入新的市场则可以有效避免类似风险，因为合作的品牌都以自己原有的长处和优势跟对方进行互补合作，不仅不会放弃自己原有的个性和内涵，反而是对自己原有的传统和形象的强化。

3. 降低促销费用，节省投资

由于联合品牌的参与方都是在各自行业领域里创立了知名品牌的企业，有良好的市场知名度和品牌影响力，也有各自的忠诚顾客。原先的品牌建设工作早就打下了良好的市场基础，联合品牌产品推向市场时几乎不需要另外再做太多的推广宣传工作就可以打开市场。联合品牌产品不仅能够吸引原来各自品牌的目标顾客，而且由于强强联合，能够赢得更多顾客的信任和青睐。美国市场营销协会曾经做过一个调查，有20%的人会买由索尼独家生产的数码影像产品，有20%的人会买由柯达独家生产的数码影像产品，而当顾客得知是索尼和柯达公司联合出产的数码影像产品时，有购买意向的人比例则高达80%。

通过联合品牌战略，企业创建的品牌市场号召力更强，不仅如此，促销费用也很低，即使必须投入资金进行促销，费用也会由双方分摊，极大地节省了用于促销的投资。

4. 保持溢价，增加企业利润

由于双方原品牌的支持作用，联合品牌产品得到了更强的质量保证，满足了消费者更多的需求，因此可以确定一个比单一品牌产品更高的价格，以此获得溢价收益。

（三）实施联合品牌战略应该注意的问题

第一，实施联合品牌的企业应该旗鼓相当，不应该选择和自身品牌形象相差较远的企业，否则有可能损害强势品牌的企业形象。一般来说，实施联合的双方品牌应该具有相似的品牌价值和市场地位，弱势品牌很难高攀到强势品牌；反之，强势品牌一般也不愿意降尊纡贵，否则容易损害自己原有品牌的市场形象。

第二，联合的两个品牌应该内涵相容、优势互补、互相支撑、不会让消费者产生心理上的冲突，并且具有相近的目标消费群体。2016年5月21日谷歌先进技术研究部门ATAP宣布，谷歌将与知名服装品牌Levi's展开合作，推出面向城市骑行者的"互联"智能夹克。通过这款智能夹克，用户只需在袖口上进行滑动操作，就可以控制音乐、接听电话及获取导航信息。显然，谷歌和Levi's的品牌个性都是时尚、新锐，面向城市崇尚高新技术生活方式的目标消费群体。这一项目一旦成功，智能夹克必将成为又一个联合品牌的成功案例。

第三，联合品牌应该是两个品牌能够相互取长补短，形成优势互补的强强联合，而不应该是"平衡的联合品牌"。所谓"平衡的联合品牌"是指企业将两个同类品牌平等地应用在一个产品上，原先各自的品牌产品个性和功能特征基本一致、形成交叠，两个品牌其实处于相互竞争的状态。平衡的联合品牌不仅不能使两个品牌优势互补，反而给消费者带来概念混乱，造成自己原先品牌顾客的质疑和流失。例如，美菱——阿里斯顿冰箱，形成联合品牌后，不仅没有互补双赢，反而造成内耗和消费者的困惑。

第四节 品牌更新管理

一、品牌重新定位

随着时代的发展、社会的变迁，品牌原有的目标顾客或者渐渐老去，或者产生新的消费偏好，因此品牌的市场销量不断下降，为了吸引新的消费者、扩大目标顾客范围，品牌必须重新定位，只有重新定位才能面向新的细分市场，提供新的品牌内涵和品牌诉求，满足新的目标顾客的需求，因此品牌才能更新成功，焕发新生。

品牌通过重新定位获得成功更新的经典案例有两个。一个是美国莫里斯公司的某品牌香烟，原来定位是女士香烟，20世纪40年代，随着女性健康意识的提高，吸烟的女士越来越少，目标市场越来越小。1954年，公司请来著名营销策划人李奥·贝纳（Leo Burnett）对某品牌进行了"变性手术"，将该品牌香烟定位为男性香烟，产品口味也由淡口味重新设计为重口味，品牌形象也由原来优雅的都市女性形象描绘成浑身散发着彪悍、粗犷、豪迈、英雄气概的美国西部牛仔形象。重新定位彻底改变了该品牌的命运，在李奥·贝纳策划的第二年，该品牌就在美国市场上强势崛起，市场销量一下飙升到第10位，此后一路直上，成为全球第一大香烟品牌。

另外一个通过重新定位成功更新品牌的案例是中国的王老吉。王老吉是一种具有去火功能的传统凉茶，但很多年轻人并不愿意接受这种从传统中草药里面提取出来的产品，在一般的消费者的观念里，王老吉就是一种中药冲剂。因此在2002年之前，王老吉凉茶的市场仅仅局限于华南地区，市场业绩不到2亿元。2002年成美广告公司将其重新定位，由原来的"中药"定位为"饮料"，功能由"去火"转为"预防上火"，并且通过一系列传播手段，告知消费者"王老吉是饮料不是药"，年轻人"熬夜、吃火锅、工作压力大"等都容易引起上火，要"预防上火"，就要多喝王老吉。重新定位使王老吉一下子捕获了年轻消费者的心，他们不再把王老吉视作一种传统的中药冲剂，而是一种新生活方式的必备武器。王老吉从此市场销量扶摇直上，从两广地区迅速扩大到全国市场，成为中国饮料市场著名品牌。

通过品牌重新定位来更新品牌虽然有着巨大的威力，但并不意味着品牌更新的成功率很高。恰恰相反，通过重新定位来更新品牌是一种难度很大、成本又很高的工作，它意味着品牌原有的一切都必须推倒重来，要在消费者心智中去除原有的品牌形象痕迹，代之以一个全新的品牌形象。而消费者往往一旦形成了对某一品牌的印象，就会形成一种惯性，这种惯性会使得他们很难改变自己对品牌原有的认知。

曾经有个案例，20世纪70年代美国年轻人认为通用汽车公司的奥兹莫比尔品牌汽车不够现代，是适合老年人开的车。通用汽车公司希望改变年轻人的这种看法，于是他们决定重新定位，把奥兹莫比尔定位成"现代化的""适合年轻人的车"。他们通过大量广告，用激情和年轻作为卖点来宣传、展示他们的汽车。然而，由于奥兹莫比尔汽车作为一个老品牌，与美国老一代人的关联性实在太强，再好的广告，再怎么改进的车型都无法改变消费者的看法。那句著名的广告语"这不是你父亲的奥兹莫比尔"，更是此地无银三百两，不但没有改变人们的看法，反而更加强化了人们对于品牌原有的印象。最终，由于消费者对于这个品牌的印象太过固执，很难改变，通过重新定位来更新品牌的策略宣告失败，通用汽车公司被迫放弃了奥兹莫比尔品牌。奥兹莫比尔的例子表明，一旦消费者对品牌有了先入为主的印象，通过重新定位来更新品牌难度是相当大的。因此，更新品牌第二个重要的、也是相对容易的策略就是对品牌要素进行更新。

二、品牌要素更新

品牌要素包括品牌的名称、标识、代言人、口号、广告语、品牌产品的包装等，通过对品牌要素进行改头换面的更新，可以使消费者产生耳目一新的感觉，使品牌始终保持新鲜感和活力。具体做法有以下几种。

（一）更换品牌名称

企业通过更换品牌名称来更新品牌，主要由以下三种情况引起。

1. 品牌名称地域性色彩过浓，局限了企业的向外发展

有时候企业为了谋求更大的市场发展空间，必须突破原来的地域限制，开辟新的市场,如果原来的品牌名称带有鲜明的地域性色彩,就会给企业的向外发展带来限制,这时就必须及时更换品牌名称。20世纪90年代初,"南京书城"作为改革开放后中国第一家民营书店,经营得风生水起。管理层决定扩大经营规模,到上海和安徽去开分店,但在走出去的过程中,发现"南京书城"的地域性色彩过浓,以致外地的读者以为该书店是专门经营南京地区出版社的书籍,或者该书店卖的书都是有关南京知识的书籍。为了避免消费者的误解,管理层及时把南京书城更名为"大众书局",从而获得了较好的发展。

通过更换品牌名称来更新品牌,反映企业新的战略布局的例子还有许多,最常见的是银行。多年前,中国为了适应地方经济发展的需要,成立了许多地方性商业银行,如上海浦东发展银行、广东发展银行、福建兴业银行等。后来随着中国经济的发展,这些地区性商业银行也获得了向外发展的机遇,为了跟国有大银行展开竞争,摆脱地方银行实力弱、业务范围窄、管理水平低等不良的负面品牌形象,这些银行纷纷通过改名更新品牌,去掉品牌名称中"上海浦东""广东"和"福建"等地区字样,直接命名为浦发银行、广发银行和兴业银行,显示企业摆脱地方局限,迈向全国,迈向国际发展的雄心壮志。

2. 企业经营业务或经营模式发生变化,原有名称不能反映品牌新的内涵

有些时候由于市场的变化,企业的经营模式发生了相应的改变,这时及时更换名称、赋予品牌名称新的内涵,也是更新品牌,给品牌注入活力的一种方式。例如,在电子商务风起云涌,消费者网上购物已成常态的情况下,"苏宁电器"所有门店及时更换门头为"苏宁易购",昭示了企业在电子商务时代业务模式的新拓展和新追求。

3. 消费者的需求和偏好发生变化

随着社会发展,消费者的需求和偏好在发生变化,当原来的品牌名称不再适合消费者需求或者会引起消费者负面联想的时候,更换品牌名称可以有效地避免消费者对品牌产生不良感受。例如,近年来由于肥胖问题越来越引发人们对健康食品问题的关注,肯德基把品牌名称由原来的"肯德基炸鸡"缩减为"KFC"三个英文字母,刻意淡化肯德基高油脂、高热量食品的产品特征,以满足现代人追求健康饮食的心理需求。

综上所述,更换名称是品牌更新很有效的方式之一。前面所举例子中美国通用汽车公司的奥兹莫比尔只是一味企图改变品牌在消费者心中的定位,但却不对奥兹莫比尔(Oldsmo-bile,英文意思是"老年人的汽车")这个显然跟品牌定位完全对立的名字加以改动,消费者怎么能改变对品牌原有形象的印象呢?品牌更新失败也就不难理解了。

(二)更换品牌标识

品牌标识的更换与品牌名称的改变具有相同的作用。当企业的业务范围、经营模式

发生了改变，品牌的内涵也就跟过去有所不同。为了更加生动、直观地展现品牌新的内涵与定位，给消费者一种全新的品牌体验，企业就有必要更换品牌标识。而且由于视觉的效果，品牌标识的改变更容易让消费者产生新鲜感，因此，即使企业的业务经营内容和模式没有发生变化，为了避免审美疲劳，避免由于消费者喜新厌旧心理导致的品牌老化，品牌标识也应该定期进行更换。例如，肯德基的品牌标识从1952年到现在已经更换了6次；某手机品牌的品牌标识更换变动了5次，用该手机品牌管理团队的话来说："我们品牌标识的每一次变动都是核心产品的变革，我们并不是放弃简约主义，而是品牌的核心价值变化，标识的设计要兼具时代性与持久性，如果不能顺应时代，就难以产生共鸣。一个品牌标识的好坏判断方式，不应该是单纯地判断它有没有跟随潮流，还应该是有没有很好地表达企业理念和品牌的核心价值。"

不只是外国知名品牌经常更换品牌标识，中国的企业也会根据企业战略发展的需要及品牌内涵的变化，及时地更换标识，以此来更新品牌。例如，华为公司在2006年5月就全面更换品牌标识，把原来标识中的"华为技术"中文字样去除，变成大字母"HUAWEI"；同时把花瓣数量由15片减少为8片，花瓣的线条更加柔和圆润，视觉效果更加自然，具有亲和力，表达了华为公司以客户为导向，走向国际化的一种战略决心。

（三）更换品牌口号

品牌口号直接反映和体现品牌的核心价值，为了不使品牌老化，品牌的价值理念必须始终契合时代脉搏，即使核心价值的内涵没有发生改变，也应该在表述上体现出与时俱进的姿态。因为每一个时代都有每一个时代的流行语，品牌口号如果几十年如一日，就会给人以品牌老旧、不思进取的不良感受。例如，20世纪90年代曾经开创了中国营养新品类的维维豆奶上市后受到消费者的极大欢迎，"维维豆奶，欢乐开怀"的广告语家喻户晓，人人传诵，可惜几十年来从来没有改变，消费者逐渐失去了新鲜感，品牌也就不可避免地老化了。反观可口可乐，100多年来产品口味并没有改变，可口可乐的品牌个性和核心价值也没有改变，但它的品牌口号却经历了100多次的更新。直到今天，可口可乐仍然是年轻人熟悉、喜爱的品牌，它充满活力、充满激情，丝毫没有老化的迹象。

（四）更换品牌代言人

每个时代都有每个时代的审美观，这就导致不同的时代人们心目中的偶像是不一样的。为了避免品牌形象老化，<u>企业还应该通过经常更换品牌代言人来不断地给品牌注入新鲜感和活力，从而吸引一代又一代的消费者</u>。例如，百事可乐定位"新一代的选择"，因此在全球各地每年它都请最当红、最受年轻人追捧的流行歌星、影星、体育明星来作它的代言人。据不完全统计，全球曾为百事可乐代言的名人有迈克尔·杰克逊、麦当娜、贝克汉姆、罗纳尔多、齐达内、罗伯特·卡洛斯、皇后乐队、费戈、劳尔、亨利、布兰妮、贾斯汀·比伯、布莱克、珍妮·杰克逊、凯利·米洛、RAIN等各国巨星；在大中华地区，担任过百事可乐代言人的明星包括王菲、张国荣、刘德华、郭富城、郑秀文、周杰伦、F4（朱孝天、言承旭、吴建豪、周渝民）、蔡依林、姚明、谢霆锋、李小鹏、陈慧琳、热力兄弟、古天乐、黄晓明、李俊基……从这份长长的品牌代言人名单就可以看出，每个国家、每个年代年轻人喜欢、熟悉的偶像都曾经为百事可乐代言，因此企业便不用担心品牌老化。

（五）更换产品包装

当企业实在无法通过改进产品质量、性能等方法来更新品牌的时候，通过改变产品包装，给消费者带来新鲜感，以此来更新品牌，也是一个简便且行之有效的办法。通过更换产品包装来激活品牌最经典的案例，莫过于许多中国人非常熟悉的护肤品品牌"百雀羚"。中华老字号"百雀羚"诞生于1931年，其包装一直采用经典的蓝色和黄色相间的铁盒子，上面有四只小鸟，虽然经典的包装形象深入人心，刻进了几代人的记忆中，然而一成不变的包装，开启不方便的铁盒子，再加上单一的产品，使得"百雀羚"在20世纪八九十年代以后就被市场冷落，陷入困境，面临被时代淘汰的命运。2011年，"百雀羚"除在产品设计上开发出许多新产品外，在包装上也开始了大刀阔斧的更新，首先褪去了几十年来一成不变的蓝色和黄色相间的铁盒子，换上了清新的淡绿色瓶装，品牌更新一举获得成功。2013年，"百雀羚"作为国礼之一送给坦桑尼亚妇女与发展基金会，更是声名大振，成为国货复兴的典范。许多消费者因为"百雀羚"漂亮的包装而对该品牌爱不释手。

需要指出的是，品牌要素不应该等到品牌老化之后再作更新，作为一项品牌管理的常规性工作，品牌要素应该根据公司战略发展和市场的需要主动积极地进行更新，避免消费者产生审美疲劳，使品牌的市场吸引力下降。例如，美国通用磨坊食品公司的食品品牌贝蒂·克罗克更换了8次虚拟代言人，肯德基的品牌标识自1952年以来已经更换了6次。有时候消费者还没有意识到，品牌标识就又更换了。因此，适时适当地对品牌要素进行更新，是保持品牌生命力的一种策略，也是激活品牌、更新品牌非常有效的一种手段。

三、品牌传播更新

数字时代媒体的发展非常迅猛，几乎达到令人目不暇接的地步。除传统媒体外，各种新媒体、自媒体更是层出不穷，消费者对于媒体的选择多样性极强。因此，企业一定要根据目标顾客的媒体使用习惯，及时更新品牌的传播手段。微博、微信这些新的传播手段都应该加以使用，广告和代言人的选择也要紧扣时代脉搏，展示品牌的现代感和活力，只有这样才能取得理想的传播效果。

第三章 数字时代的品牌转型

第一节 传统品牌面临的"瓶颈"

一、数字时代的到来

(一)数字时代的特征

1. 普遍连接

连接是互联网所具有的一个最根本的本质,其具有最大的价值也在于连接。根据互联网一路发展的相关进程来看,互联网自身的连接能力已经变得越来越强,其所涉及的时空维度也在不断得到拓展。

数字时代的革命性影响,重点就在于人与人、人与物都形成了融洽的连接,而这种连接使互联网特有的大数据威力得以显现出来,使其不同于以往的信息化。

现在是一个大互联的时代,多对多的交互是最典型的特点,这不仅包括人与人,而且包括人机交互以及多个终端的交互。就是"任何人、任何物、任何时间、任何地点,永远在线、随时互动"的一种全方位互动的存在形态。

由此可知,数字时代就是一个能够让我们每个个体实现时刻联网,并能够实时互动的时代。

2. 跨界融合

由于数字时代具有能够连接一切的特性，在很大程度上就把传统行业和传统思维打造的篱笆与栅栏进行了相关的拆除，连接思想、连接人体、连接物体、连接环境的一系列创新使得跨界与整合得以实现，对原有的社会结构、经济结构、地缘结构、文化结构进行了有效破除。

不仅如此，信息技术的发展还使互联网成为一个相当重要的基础设施，使互联网可以与现实世界的任何产业进行密切的相连，互联网围墙厚重、篱笆密集的传统行业遭受汹涌的变革，任何依靠信息不对称和围墙设置的门槛在数字时代都荡然无存。

互联网在一定程度上进行的跨界渗透，明确体现在互联网一整套规则和观念对其他产业的改造上。例如，在产品层面，不仅可以实现跨地域、短链条经营，由此可以更激发、聚合、分类、对接个性化的需求与供应，使得个性化体验的价值在商品的价值构成中有了更大的占比。在企业层面，也引发了部门之间、企业与市场之间边界的重整，引发了产业链的再造，使得产业链上的角色构成、链条长短等都发生了变化。而在产业层面，则一点点地引发产业面貌的革新，电子商务服务业等新产业快速崛起，不同产业之间开始大融合……

总之，数字时代正是因为跨界，不断地进行自我革命，才使创新的基础变得更加坚实，因为融合协同，促使产品从研发到产业化的路径变得更加垂直，最终施展并实现了群体的智能化。

3. 尊重人性

在数字时代，针对信息生产和传播已经不再像从前仅是一点对多点的单向传播，而是成为一种多点对多点的多向传播，我们每个人都是信息的原产地。

但是，在这整个信息产生和传播的过程中，需要注意的一点是，这张互联网的核心是人。人性散发出来的光辉成为推动科技进步、经济增长、社会进步、文化繁荣最根本的力量。数字时代，产业发展发挥出来的强大力量的最根本来源就是对人性最大限度地尊重、对人体验的敬畏，对人创造性发挥的重视。

在数字时代，一切连接都高度智能化，这种智能化是人类智慧的外延，如深度学习、人机交互、空气触觉、脑机接口、生物感知、智能环境等。智能化的最大入口就是人性，因此，想要赢得智能化高度发展的前提就是对人性进行深入地剖析，并对其充满崇高的敬畏。

数字化思维一直主张"以人为核心""用户至上",这很好地让产业发展回归人、回归生活,所有的产业运行都将围绕着人而进行展开,人的需要、生活的逻辑将进一步支配经济发展的逻辑。

"以用户为中心""让用户参与产品创新"等,都明确地彰显了这个时代对人性的特征更加尊重。

4. 开放生态

数字时代,信息不再像之前过于封闭,而是越来越趋向一种公开、免费与共享的状态。这种开放具体包括理念的开放、形式的开放、内容的开放,以及过程和评价的开放等,能够让我们每一个人都可以便捷地利用互联网平台,将自己的情绪分享到全世界的每一个角落。

在移动互联网得到如此快速的发展下,人们查询信息、分享信息、生成信息的手段变得极为便利,原本容易散落的信息越来越容易被大众所获取和认知,知识量在很大程度上得到了累积和增长。

与此同时,过于公开透明化的互联网世界也在一定程度上带来了信息大爆炸,这就进一步使得我们每个人具有的隐私更容易被随时暴露,继而形成了一种"后喻文化":即使年龄很小的孩子,只要一接触互联网,就能够从中获取大量信息,使得年轻人不仅在信息技术上,而且在文化消费和娱乐方式等方面都开始对长辈有所影响,进一步打破了信息传递的门槛和长辈的权威,特别是在数字技术、流行文化、时尚休闲等方面具有明显的话语权,出现了一种明显的"文化反哺"现象。

互联网的开放生态逐渐打破了这个世界具有的神秘性,让人类从被动状态接受信息逐渐变成了主动参与信息互动,并在此基础上再变成信息的主要传播者、生产者。开放也在很大程度上促使互联网从中心化、组织化向去中心化、参与感、自组织、社群化方向发展,促使过去制约创新的环节在时代的变迁中被去掉,孤岛式的创新被连接了起来,对人们形成很大的激发,使其努力进行创新并有更多机会去实现自身的价值。数字时代体现出来的开放生态,让互联网在很大程度上成为人类智慧及身体的一个具体性延伸。

(二)数字化思维模式

数字化思维虽然是随着互联网企业的发展而提出的,但有一点可以肯定的是,数字化思维并不是互联网企业所特有的,它既不是一种技术思维,也不是一种工业化思维,而是一种系统化的思维模式,其中包含了非常丰富的思维体系。

1. 用户思维

在数字化思维里，最重要的就是用户思维，其核心就是"用户至上、体验为王"。所谓的用户思维，具体是指在价值链各个环节中都要"以用户为中心"去考虑问题。各行各业，都必须从整个价值链的各个环节，有效地建立起"以用户为中心"的生存文化，只有深度理解互联网用户的需求，才能赢得用户的认同，各行各业才能长久生存和发展。用户思维主要包括满足用户需求、用户高度参与、追求完美的用户体验等内容。

2. 简约思维

所谓的简约思维，就是指在对产品进行规划和品牌的具体定位上，力求专注、简单；而在产品的相关设计上，力求做到简洁、简约。在数字时代，由于用户面对信息的爆炸和各种令人眼花缭乱的产品，总会有太多的选择，这样就会使选择时间太短，导致用户的耐心越来越不足。那么如何能在短时间内抓住用户，避免用户的大量流失，成为对企业进行考验的一大难题。

面对这一艰巨的难题，专注和简约就成为一种必胜的法宝。无论是何种品牌的产品，专业、精致都是用户进行选择的一个重要理由。所谓大道至简，越简单的产品越容易得到广泛的传播，也越难以超越。只有专注才能有极高的专业化水准，才能在某个领域内做到极致，无人能够超越，也才能牢牢地抓住用户。

3. 极致思维

把产品、服务和用户体验都做到一定的极致，超越用户的预期，就可以称得上是一种极致思维。用极致思维去打造极致产品，那么就需要抓准用户的痛点、痒点或兴奋点所在；要对自己狠点儿，不断挑战自己能力的极限，有奋勇直前的精神；还要盯紧管理，做好极致服务。如此，才能打造出让用户喜爱的产品，带给用户惊喜的服务体验。

互联网企业要用极致的思维来实现创新和提升用户体验。对企业而言，极致首先应该是100%达到标准、100%完成任务，如果没达到标准、没完成就是0，根本不存在60%完成或60%达标的概念，也没有大部分、绝大多数达标和完成的描述。所谓的极致，就是不接受瑕疵，要求服务必须做到极致的地步。

在现实生活中，要想做到极致，就要积极树立只认100%的意识，不达100%就是0；要想做到极致，就需要投入专注，否则是难以做到极致的。

4. 迭代思维

在对互联网产品进行开发的过程中，一个典型的方法论就是"敏捷开发"。传统企业推出新品都有一个长达数年的新品上市周期，而互联网企业的产品开发采用迭代方式，在与用户的不断碰撞中把握用户需求，进而完善产品，让产品在用户参与中得以完善。

因此，迭代思维的本质，就是要及时乃至实时地准确把握用户的具体需求，并能够根据用户需求进行动态的产品调整。这是一种能够以人为核心、迭代、循序渐进的开发方法，允许有所不足，不断试错，在持续迭代中进一步完善产品。具体来说，主要包含以下两个关键内容。

（1）"微"。所谓"微"具体是指"微创新"，又称"渐进式创新"，也就是从小处着眼，把一个问题解决好，单点突破。有时候也能起到四两拨千斤的作用，众多的"微创新"便可以引起一定的质变，形成变革式的创新。"微创新"不是漫无目的的小发明、小创造，一定是针对改善用户体验、直击用户痛点的，从用户细微的需求出发，做出的"最小可行性产品"。它是能够直观地被用户感知，能够体现项目创意，有助于激发客户意见的产品雏形。

（2）"快"。数字时代，其实属于快鱼吃慢鱼的一个形式，而不是大鱼吃小鱼。在数字时代，"快"就是一种很大的力量。企业如果没有积极进取的心态，那么就会在以后的竞争中慢人半拍，处处陷于被动挨打的局面。所谓"快"就是针对用户的反馈意见，以最快的速度进行合理的调整，融合新的版本中。对于数字时代而言，速度比质量更重要，用户需求快速变化。

因此，企业并不注重追求一次性就能够满足客户的需求，而是通过一次又一次的快速迭代，让产品更早地出现在用户面前；通过不断地收集用户的集中反馈，不断让产品的功能趋于丰满的状态，使得用户需求痛点不断被刺激，从而实现用户更高的忠诚度，使市场份额有所扩大。

5. 社会化思维

组织通过对社会化工具、社会化媒体和社会化网络进行合理利用，就进一步形成了重塑企业和用户的沟通关系，以及组织管理和商业运行模式的思维方式，也就是社会化思维。

随着Web 4.0的快速到来，互联网在很大程度上为人们提供了一个足够大的空间，进而将每个人与除他自身以外的所有人联结起来。世界上每个人所做的一切、去过的所有地方、有过和分享过的所有观点、喜欢和思念过的每一个人，都会进行密切的联系。这种联结是人基于价值观、兴趣和社会关系而产生的。

现实中人的生活、人的关系都会完整地呈现在网络上，以此让信息传播的速度变得更快，让人们关系更为密切，让世界变得更小。社会化思维让人们意识到互联网将整个社会紧密联系起来，形成社会化的一张大网，企业面对的员工和用户都是以"网"的形式存在，个体与组织都是网上的具体连接点，用户正在从被动的状态逐渐地转向主动的状态，从单向接受信息进一步转向双向交流信息。

因此，企业在经营过程中，必须有效地融入社会化思维，简单来说，其实就是一种立体式思维、协同式思维。

6. 大数据思维

数据在数字时代已经成为企业中不可或缺的一项重要资产，甚至是其核心的资源，数据资产及数据专业处理能力将会在很大程度上成为企业的核心竞争力所在。

身处这个先进的数字时代，一切皆可进行相关的数据化，如微博是数据化了的思想和观点，淘宝是数据化了的现实物品，百度地图是数据化了的地理场景……各种数据化让人和物的状态与行为都变得能量化，能够在数据空间中被进行相关的具体操作，我们要学会用大数据思维去进一步发掘大数据的潜在价值。

所谓大数据思维，具体是指对大数据的认识，对企业资产、关键竞争要素的理解。深入理解数据的价值是其核心所在，通过数据处理进而为企业决策提供有力的依据，创造商业价值。未来的大数据将更好地对社会问题、商业问题、科学技术问题、教育问题等进行解决。

有了大数据的存在，医疗机构将会实时监测用户的身体健康状况；教育机构将更有针对性地制订用户喜欢的培训计划；服务行业将为用户提供即时、健康、符合用户生活习惯的服务；金融机构将帮助用户进行有效的理财管理，并为用户资金提供更有效的使用建议和规划；道路交通等运输行业将为用户提供更加合适的出行路线和服务。

总而言之，大数据能够将服务变得更加精准、有效。在大数据积极支撑下的教育，也将根据每个人具有的不同特点，把每个人本来就有的学习能力和天赋进行全面解放，让个性化教育成为一种极大的可能。

7. 平台思维

数字时代具有的最大驱动力就是平台。互联网依托大量的网络平台发挥作用，平台是互联网发展过程中的重要支撑，多主体参与、共赢互利的协作圈是搭建互联网平台的基石。在全球最大的100家企业里，有60家企业的主要收入来自平台商业模式，包括苹果、谷歌等。互联网的平台思维就是开放、共享、共赢。平台思维主要包括以下两层含义。

（1）努力打造新平台，建立具有系统性、综合性的协作平台。未来商业竞争不再只是企业与企业之间的肉搏,而是平台与平台之间的竞争,甚至是生态圈与生态圈之间的竞争,单一的平台不具备系统性竞争力。所以,要建立更好满足当前时代多方需求的多主体共赢互利的平台生态圈。

(2)善用现有平台。建成平台需要日积月累,不是一件简单的事。至于平台生态圈的形成更是需要天时、地利、人和等多种因素的共同作用。如果在构建新平台的过程中,不具备一定的实力,那么就要进行周全的思考,着重考虑怎样对平台进行合理开发和利用。

8. 跨界思维

所谓跨界思维,则意味着我们要敢于超越之前思维的局限,突破传统工业时代讲究精准、严密、控制的思维模式,甚至重新审视自我,完成自我颠覆和重塑。

跨界思维已无孔不入,能够做好资源的跨界整合发展,就有可能完成颠覆式的创新。跨界思维就是要具备用户思维,懂得自始至终关注用户需求和用户体验,并在此基础上,敢于自我颠覆、主动跨界,自我否定、自我变革,只有勇敢地面对各种变化,才能赢得一个辉煌的未来。

二、传统品牌面临的"瓶颈"

(一)传统品牌打造的主要手段和方法

1. 斥巨资宣传

对于广告宣传,在《史玉柱自述:我的营销心得》中是这样说的:"集中资源,集中时间,重复,重复,再重复地投放!"一时间,当时的电视屏幕上充斥着"今年过节不收礼,收礼就收脑白金"这样的广告语。

在各种媒体中,中央电视台作为覆盖人群最多、影响力最大的传统媒体,也就成为每一个想打造品牌的企业必然追逐的对象。从1979年3月第一个商业广告幸福可乐广告开始,每年的广告招标会都是企业云集,在中央电视台做广告的企业,几乎都取得了巨大的经济回报。登上中央电视台的企业、品牌似乎都成了老百姓心目中的好企业、好品牌,于是一个个貌似强势的企业品牌就这样诞生了。例如,1995年孔府宴中央电视台中标价3 079万元,1996年秦池酒6 666万元,1997年秦池又不惜血本以3.212亿元中标……此后每年水涨船高。这就是传统品牌创建典型的广告情结。以至于现在的移动互联网上,这种广告思维依然在人们心中根深蒂固。

2. 利用明星效应

明星代言同样要以电视、广播、报纸为载体。明星代言短期效果较佳，长期则无效，而且相互攀比、年年追高的代言费，也让企业不堪重负，如食鸡肋、心有不甘。

另外，很多例子告诉我们，明星代言背后的风险也很大。移动数字时代人人都是自媒体，人人可作自品牌。当媒体曝光许多明星代言的产品出现问题时，找明星代言的作用还有待商榷。

3. 拼命拓展渠道

渠道是连接商品和消费者的点，因而诸多厂家要将自己的产品推广出去，渠道就变得非常重要。

在传统的渠道中，厂家有折扣点、物流费、推销员工资、税费、节庆费等几十项费用。看上去很高的销售收入，被一道道关卡摊薄了，厂家只能拿到一小部分利润。然而，企业如果不入驻这些渠道就没有销量，也无法生存，可以说苦不堪言。

（二）数字时代传统品牌打造面临的"瓶颈"

1. 传统品牌运作困难

店租成本逐年在涨，人工成本一提再提，同行越来越多且在拼命压价……赖以维系的广告、代言等手段效果越来越差，而价格却越来越高（价格挺不住，消亡得更快）。老板们发现传统品牌的产品越来越不好做了，生意好像进入了怪圈循环。然而，与此同时各种"互联网+"，各种"微营销、微商城、微平台、微商"像雨后春笋般纷纷呈现。

2008年，北京奥运会带动了国内空前的运动风潮。在那几年，国产运动品牌纷纷面世，不少品牌也在彼时迎来了发展的黄金时期。然而，有些盲目扩张的运动品牌逐渐尝到苦果，业绩不断下滑、亏损，暴发关店潮；市场对运动品牌在"泛时尚"与运动之间的摇摆表现出不满。

李宁、安踏、匹克、361°和特步在2015年总共关店2 000余家，其中361°和李宁关店数最多。

在2008年北京奥运会上，李宁高举火炬追日的身影让人记忆犹新。李宁公司面对激烈的市场竞争和行业挑战，经历了一段波动期。尽管在2012—2018年，李宁公司面临持续的亏损，导致公司进行了多次领导层更迭，并在战略上作出深刻反思，但公司并未因此放慢脚步。李宁公司开始了一系列深度的转型改革，其中包括收回品牌代理权、扩张直营门店、优化门店运营模式等。这些措施不仅提升了品牌的自主性，也帮助公司更好地掌握市场节奏。同时，李宁公司还通过推动数字化转型，植入数字化思维和技术，进一步提升了运营效率和消费者体验。如今，李宁公司通过加大在产品创新、市场营销以及线上线下融合方面的投入，逐渐恢复了增长势头，逐步巩固了其在国内外市场的竞争地位。李宁品牌目前在运动市场中表现亮眼，特别是在年轻消费者中赢得了高度认可。通过精准的品牌定位、不断创新的设计理念和灵活的市场策略，李宁公司不仅成功扭转了困境，还在全球运动品牌市场中占据了更加稳固的地位。

可见，未来竞争一定是创意文化，而不是传统文化。产品必须充满人情味，而不是自我夸张与包装。产品必须成为消费者肚子里的"蛔虫"，挖掘消费者的内心深层次需求才能成功。

2. 传统品牌严重失"势"

无论在哪个行业，传统品牌都找不到"势"了，主要表现在品牌营销市场的反应上。如果某一企业商业模式还是老一套，走加工生产、产品研发、广告推广、招商找代理这一套不用教也熟悉的老套路，那么会发现效果越来越不明显了，企业危在旦夕。

事物发展的规律告诉人们，任何事物不怕小，就怕没有"势"。没有这个优势，企业就是一个木偶，是非常可怕的。如何找回之前的发展之势，是所有传统企业老板当下最大的困惑。

很多传统企业高管把互联网当作企业发展的一个渠道。雷军发现小插座的高利润，设计出一个更漂亮、以出厂价作为零售价的小米智能插座，公牛插座等传统品牌不得不调整策略以应对市场的变化。一些传统企业没有认识到，拆墙、跨界、穿越时空的互联网不仅是一个销售渠道，数字化思维更是一种新商业模式。未来的一切企业都应该是互联网企业，如果还在固执己见，那么错过的不仅是一次机会，而是整整一个时代。

3. 传统思维仍根深蒂固

传统时代，还可以做区域品牌老大，互联网上则没有这个机会。有种流行的观点是：一个商业模式下最终仅能存活一个企业，某个狭窄的领域里只有第一和唯一。当然，未来可能不是360行而是3 600行，甚至36 000行，各类自品牌也在纷纷崛起，同时企业也将迎来品类的革命。

能否直接面对消费者做出尖叫的自动分享的新商业模式，是对所有传统品牌转型的考验。未来是直销时代，信息高度透明又对称，逐渐会去中心化，去中间环节，渠道必然消亡。互联网直销、人联网直销、社区连锁直销……离开这几种新模式，传统企业很难再找到其他出路。

第二节 数字时代品牌发展的趋势

一、数字时代的品牌生态

（一）品牌的数字转型

在数字时代，品牌的转型已成为一种必然趋势。传统品牌面临着前所未有的挑战，必须迅速适应快速变化的市场环境。数字转型不仅涉及技术的更新，更关乎品牌理念、文化和运营模式的全面革新。品牌需要通过数字化手段提升自身的市场竞争力，从而更好地满足消费者日益变化的需求。数字技术的应用，如大数据分析、人工智能和云计算，使品牌能够更精准地识别消费者行为和偏好，从而实现个性化营销。同时，数字化转型也要求品牌在其传播策略上进行创新，利用多元化的数字渠道与消费者进行有效的沟通，以此来增强品牌的影响力和亲和力。

此外，品牌的数字转型还涉及其组织结构和运营流程的优化。企业需要构建灵活的团队，以快速响应市场变化和消费者反馈。同时，品牌需要通过数字化工具来提高运营效率，降低成本，并提升产品和服务的质量。在转型过程中，品牌还需要关注数据安全与隐私保护，以建立消费者的信任感。综上所述，数字转型是品牌在新时代背景下实现持续发展的重要路径。

（二）消费者行为的变化

随着数字技术的普及，消费者的行为模式发生了显著变化。在数字化环境中，消费者获取信息的方式更加多样化，信息的透明度和可得性也显著提高。消费者不仅是品牌传播的接受者，更是参与者和内容的创造者。通过社交媒体和在线平台，消费者能够实时分享自己的体验和观点，这使得品牌形象和声誉面临更加复杂的挑战和机遇。在这样的环境中，品牌需要倾听消费者的声音，积极参与互动，从而建立深厚的情感联系。

消费者的购买决策也日益依赖于数字化信息和社交媒体的影响，更倾向于在购买前进行广泛的调研和比较，寻求他人的意见和推荐。这种行为促使品牌必须在网络上建立良好的口碑，维护积极的在线形象。品牌需要关注消费者的反馈，通过有效的管理和响应策略，及时调整自身的营销策略，以适应消费者的期望和需求变化。数字时代，品牌与消费者之间的关系更加紧密，品牌需要通过建立信任和忠诚度，促进长期的消费关系。

（三）新兴技术对品牌的影响

新兴技术的迅速发展为品牌的生态系统带来了深刻影响。人工智能、区块链、虚拟现实等技术正在重新定义品牌的运作模式和消费者的体验。人工智能的应用使得品牌能够进行更加精准的市场分析和消费者洞察，从而优化产品和服务。通过算法推荐，品牌可以实现个性化营销，同时提供符合消费者需求的产品和服务，提高客户满意度和忠诚度。

区块链技术的出现为品牌提供了更高的透明度和可信度。消费者对品牌的信任建立在对信息透明度和真实性的要求上，区块链可以确保产品供应链的可追溯性，增强消费者对品牌的信任。此外，虚拟现实和增强现实技术的应用为品牌提供了全新的互动方式，使消费者能够在虚拟环境中体验品牌的产品和服务。这种沉浸式的体验不仅提升了品牌的吸引力，还能够有效提升消费者的参与感和忠诚度。在此背景下，品牌需要持续关注新兴技术的发展动态，并及时将其融入品牌战略中，以保持竞争优势。技术的快速迭代要求品牌具备灵活应变的能力，能够快速适应新的市场需求和消费者行为变化。最终，品牌在新兴技术的推动下，将更具创新性和灵活性，进而更好地迎接数字时代的各种挑战。

（四）数字渠道与品牌传播

在数字时代，品牌传播的渠道多样化，使得品牌与消费者之间的互动更加频繁和直接。传统的单向传播方式已逐渐被多元化的互动模式所取代，品牌需要在不同的数字平台上建立存在感，从而触达更多的目标受众。社交媒体、移动应用和电子商务平台成为品牌传播的重要阵地，品牌通过这些渠道可以实现与消费者的实时沟通，获取反馈，并调整传播策略。品牌需要创造有价值的内容，以吸引和留住消费者的注意力。优质的内容不仅能提升品牌形象，还能激发消费者的参与感和互动性。品牌应注重与消费者的情感连接，通过讲故事的方式传递品牌价值和文化，与此同时，增强品牌在消费者心中的认同感和忠诚度。

同时，品牌在数字传播中需要保持一致性和连贯性，确保不同渠道的信息传达能够相互支持，形成合力。品牌的声音和形象在各个接触点上都应保持一致，以增强品牌认知和记忆。综上所述，数字渠道的多样化为品牌传播提供了更多可能性，品牌需灵活运用不同渠道，增强与消费者的互动。

（五）品牌与消费者的共创

数字时代的品牌生态强调了品牌与消费者之间的共创关系。消费者不再是被动的接受者，而是品牌价值创造的重要参与者。品牌需要积极引导消费者参与产品设计、服务改善和品牌传播，以提升品牌的创新能力和市场响应速度。通过开放式创新和消费者反馈机制，品牌能够更好地理解消费者的需求，从而优化产品和服务，提高市场竞争力。

共创的过程不仅有助于品牌获取新的创意和灵感，还有助于增强消费者对品牌的归属感和忠诚度。当消费者参与品牌的创造过程中时，他们对品牌的认同感和情感连接将得到显著增强。这种情感连接将推动消费者自发地成为品牌的传播者，通过口碑传播和社交媒体分享，将进一步扩大品牌的影响力。

在实施共创战略时，品牌需建立有效的沟通渠道，鼓励消费者提供意见和建议。同时，品牌也需要在共创过程中保持开放的态度，愿意接受批评和反馈，以实现持续改进。数字时代的品牌生态鼓励品牌与消费者之间建立深层次的合作关系，并通过共创实现品牌的创新和发展。

二、社交媒体与品牌互动

（一）社交媒体平台的选择与应用

在数字营销的新时代，社交媒体已成为品牌传播和与消费者互动的重要渠道。品牌在选择社交媒体平台时，需要考虑目标受众的特性和平台的功能。不同社交媒体平台具备各自独特的用户群体和互动模式，这要求品牌在进行平台选择时，要深入分析目标受众的行为习惯和偏好。例如，年轻消费者更倾向于使用小红书和抖音等视觉导向的平台，而职场人士可能更活跃于领英。品牌需要根据目标市场的不同，制定相应的社交媒体策略，以便在适合的场景中有效传达品牌信息。

在应用社交媒体平台时，品牌需要制定清晰的内容策略，包括内容的类型、发布的频率和互动的方式。品牌可以通过多样化的内容形式，如图片、视频、直播等，增强消费者的参与感和互动体验。此外，品牌还应关注内容的时效性和相关性，利用热点话题和时事新闻吸引用户的注意力，从而提升品牌的曝光率和影响力。平台的应用不仅限于品牌宣传，还可以通过社交媒体进行市场调研，收集消费者反馈，从而为产品优化和服务改进提供数据支持。

品牌在发布内容时，需了解平台的推荐机制，以确保其内容能够最大限度地被目标受众看到。通过精准的标签和关键词使用，品牌可以提高内容的可发现性，吸引更多用户的关注。此外，品牌还需考虑与平台的算法变化保持同步，适时调整策略，以确保持续的互动和曝光。

（二）用户生成内容对品牌形象的影响

用户生成内容（UGC）在社交媒体时代扮演着越来越重要的角色。消费者不仅是品牌信息的接收者，更是内容的创造者。用户生成的内容能够显著影响品牌形象，提升品牌的可信度和亲和力。UGC通常更具真实性和可信度，消费者更倾向于相信其他用户的评价和体验，而非品牌方的宣传。品牌应积极鼓励用户分享他们的使用体验，并通过社交媒体平台收集UGC，从而形成良好的品牌口碑。

UGC还为品牌提供了丰富的内容资源，这些内容不仅可以用于品牌宣传，还能帮助品牌在市场上更好地定位。品牌可以通过分析用户生成的内容，了解消费者的真实需求和偏好，从而为产品开发和市场策略提供参考。品牌在整合用户生成内容时，需要确保内容的多样性和代表性，以避免信息的单一化，进而提升品牌的综合形象。

然而，UGC对品牌形象的影响并非全是正面的。负面的用户反馈和评价可能对品牌造成损害，因此品牌需要建立有效的舆情管理机制。品牌应积极监测社交媒体上的UGC，及时回应消费者的疑虑和不满，展现品牌的责任感和服务意识。通过良好的互动，品牌可以化解潜在的危机，并将负面反馈和评价转化为品牌改进的机会。

（三）社交媒体营销策略

社交媒体营销策略的制定是品牌在数字化时代成功的关键。有效的社交媒体营销策略不仅能提高品牌的知名度，还能提高消费者的参与度和忠诚度。

品牌需要明确营销目标。无论是提高品牌认知、增加粉丝互动还是推动销售，目标的清晰有助于制定相应的策略和评估营销效果。在内容创作方面，品牌应关注内容的创意和价值。创新的内容形式能够吸引用户的注意力，而有价值的信息则能进一步增强用户的参与感和互动意愿。品牌可以通过故事叙述、互动问答、挑战活动等多种形式，鼓励用户参与，从而与用户建立深厚的情感联系。此外，品牌还应定期分析内容的表现，调整内容策略，以确保与受众的持续共鸣。

社交媒体广告也是品牌营销策略的重要组成部分。品牌可以利用平台的精准定位功能，投放符合目标受众的广告，以提高广告的转化率。在制定广告策略时，品牌需要关注广告的创意和受众的反馈，确保广告内容既具吸引力又能够有效传达品牌信息。同时，品牌还应定期评估广告效果，通过数据分析、了解广告的投放效果和用户反馈，以不断优化广告策略。

社交媒体营销还应注重建立与消费者的长期关系,品牌可以通过社交媒体与消费者进行持续的互动,分享品牌故事和价值观,以增强消费者的归属感。通过举办线上活动、会员专属福利等方式,品牌能够提升消费者的忠诚度,以此形成稳定的消费群体。综上所述,社交媒体营销策略的制定与执行是品牌在数字时代实现成功的核心环节。

三、个性化与定制化趋势

(一)数据驱动的个性化营销

在数字时代,数据驱动的个性化营销已成为品牌获取竞争优势的重要策略。随着大数据技术的发展,品牌能够收集和分析大量的消费者数据,包括购买历史、浏览行为、社交媒体互动等,从而深入了解消费者的偏好和需求。这种对数据的有效利用,使得品牌能够制定精准的营销策略,以实现个性化的沟通和服务。

个性化营销的核心在于根据消费者的特征和行为,量身定制产品和服务。通过分析消费者的行为模式,品牌能够预测他们的未来需求,从而提前提供相关的产品建议。这不仅提高了消费者的购物体验,还能有效提高转化率。品牌需要建立高效的数据分析系统,将数据转化为可行的市场洞察,以支持个性化营销策略的制定和实施。

此外,个性化营销还体现在营销内容的定制化上。品牌可以根据不同消费者群体的特征,设计具有针对性的广告内容和推广信息。个性化邮件、定制化优惠券以及个性化推荐算法,都是品牌增强用户黏性和提升购买率的重要手段。通过与消费者建立更加紧密的联系,品牌可以提高消费者的满意度,从而增加复购率和客户终身价值。

(二)客户体验的优化

客户体验的优化是品牌在个性化与定制化趋势下的重要目标。在数字化时代,消费者的期望不断提高,他们不仅追求产品的质量,更关注购物过程中的整体体验。品牌需要通过各个接触点提升客户体验,以增强消费者的满意度和忠诚度。

1.优化客户体验需要关注消费者在购买过程中的每一个环节

品牌应通过分析消费者的反馈和行为,识别出影响客户体验的关键因素。这可能包括网站的易用性、产品信息的透明度、客服的响应速度等。通过改善这些方面,品牌可以降低消费者在购买过程中的摩擦,提升他们的购物体验。举例来说,流畅的在线购物流程和快速的物流服务,都能显著提高消费者的满意度。

2. 品牌还应注重个性化服务的提供

通过了解消费者的个体需求和偏好，品牌可以在客户体验中融入个性化的元素，如定制化的推荐、专属的折扣和优先的客户服务。这种针对性的服务能够使消费者感受到被重视和认可，从而提升他们的品牌忠诚度。同时，品牌还需要通过多种渠道与消费者进行互动，保持良好的沟通，及时获取反馈，以不断优化客户体验。

3. 在客户体验优化的过程中，技术的应用也是不可或缺的

借助人工智能和机器学习等技术，品牌能够实时分析消费者的行为数据，快速调整服务和营销策略。通过智能化的客户服务系统和个性化的推荐引擎，品牌可以实现更高效的客户互动。这不仅提升了服务质量，也提升了品牌在消费者心中的形象。

（三）品牌忠诚度的提升

在个性化与定制化的趋势下，品牌忠诚度的提升是企业成功的关键。品牌忠诚度不仅关系到客户的重复购买行为，还影响到品牌的市场口碑和长期发展。品牌应通过多种策略来提升消费者的忠诚度，以实现可持续的竞争优势。

1. 提升品牌忠诚度的第一步是建立情感连接

品牌需要通过个性化的沟通和体验，拉近与消费者之间的距离。情感化的品牌故事和价值观能够引起消费者的共鸣，使他们愿意与品牌建立长期的关系。品牌可以利用社交媒体平台，与消费者进行深度互动，分享品牌背后的故事，增强品牌的情感吸引力。

2. 提供卓越的客户服务也是提升品牌忠诚度的重要环节

品牌应确保在消费者的每一次接触中都能够提供优质的服务。无论是售前咨询、售中服务还是售后支持，品牌都需确保响应迅速、态度友好，以建立良好的客户体验。特别是在消费者遇到问题时，及时有效的解决方案将极大增强他们的满意度和信任感，进而提升忠诚度。

3. 品牌还可以通过忠诚度计划和奖励机制，激励消费者的忠诚行为

这类计划可以包括积分兑换、专属折扣、VIP 服务等，通过实实在在的利益回馈消费者。这样的激励措施不仅能吸引新客户，还能增强老客户的复购意愿，从而提升品牌的市场占有率。

4. 品牌需要不断创新，以保持消费者的兴趣和忠诚

随着市场环境和消费者需求的变化，品牌必须灵活应变，及时调整产品和服务策略。

通过定期推出新产品、举办互动活动等方式，品牌可以持续吸引消费者的关注，确保他们对品牌的忠诚度保持在高水平。综上所述，品牌忠诚度的提升需要综合运用情感连接、优质服务和激励机制等多方面的策略，形成全面的品牌价值体系。

第三节　数字时代的品牌转型

一、品牌定位的重构

（一）数字环境下的品牌价值重塑

在数字时代，品牌价值的重塑不仅是对传统品牌形象的更新，更是对品牌本质的再定义。数字化的到来使得消费者与品牌的接触方式发生了根本变化，品牌不再仅是一个标识，而是与消费者互动的多维平台。品牌需要在数字环境中明确自身的核心价值，找到与目标受众情感共鸣的切入点。品牌价值的重塑需要充分考虑消费者在数字空间的行为习惯和偏好，以便创造出能够引发共鸣的品牌故事和理念。此外，品牌还应关注其在数字化转型过程中所承载的社会责任，确保品牌价值的传递能够促进可持续发展和社会进步，从而增强品牌的社会影响力。

（二）目标受众的重新定义

数字时代的消费者更加多元化，品牌需要对目标受众进行深刻的重新定义。传统的受众分类方法已经无法完全适应数字环境中复杂多变的消费者需求，品牌必须依托数据分析技术，细分市场，识别不同消费者群体的独特特征和需求。通过社交媒体、在线调查等手段，品牌能够获取大量消费者数据，从中分析、掌握消费者的购买动机、兴趣爱好和生活方式等信息。这种数据驱动的受众重新定义，不仅帮助品牌精准定位目标市场，还可以指导后续的产品开发和市场营销策略，以确保品牌在竞争中占据优势地位。

（三）品牌差异化策略的创新

在数字时代，品牌的竞争日益激烈，品牌差异化策略的创新成为品牌定位重构的关键。品牌需要在产品特性、服务体验、品牌故事等多个维度上与竞争对手形成明显区别。创新不仅体现在产品本身，也体现在品牌与消费者的互动方式上。品牌可以通过建立独特的品牌个性、引入新技术、开展个性化营销等手段，创造独一无二的品牌体验。此外，差异化策略还应与消费者的价值观和社会趋势相结合，确保品牌能够在消费者心中形成深刻的印象，从而提升品牌忠诚度和品牌的市场份额。

（四）品牌故事的重塑

品牌故事是品牌与消费者之间沟通的重要桥梁。在数字时代，品牌故事的重塑不仅要求故事内容具有吸引力，更需要适应多种传播媒介。品牌应当注重故事的真实性和连贯性，使其能够在不同平台上保持一致。品牌故事应围绕核心价值观展开，能够引起消费者的情感共鸣。在数字化的背景下，品牌可以利用视频、直播、社交媒体等多种形式，将品牌故事以更生动、直观的方式呈现给受众。此外，消费者在品牌故事的传播中扮演着越来越重要的角色，品牌可以鼓励消费者生成内容，增加消费者的参与性和故事的传播范围。

（五）竞争对手分析与市场定位

在进行品牌定位的重构时，深入分析竞争对手的定位策略至关重要。品牌需要了解竞争对手的优势和劣势，并从中发现自身的机会点和差距。通过SWOT分析等工具，品牌可以评估自身在市场中的定位，制定出更具竞争力的品牌战略。同时，品牌还应关注市场的动态变化，及时调整定位策略以应对外部环境的变化。竞争对手分析不仅可以帮助品牌优化自身策略，还能够促进品牌的创新，进而推动品牌在市场中持续发展。

（六）长期品牌资产的建设

品牌定位的重构是一个长期过程，需要不断积累和维护品牌资产。在数字时代，品牌资产不仅包括品牌知名度、品牌美誉度，还包括消费者对品牌的信任感和忠诚度。品牌应通过持续的市场活动、优质的客户服务和积极的社会责任实践，不断提升品牌形象和价值。同时，品牌还需关注消费者反馈，及时调整策略，以保持品牌与消费者之间的良好互动。只有通过长期的努力和投入，品牌才能在数字时代建立起稳固的市场地位和竞争优势。

二、数据驱动的决策法则

（一）数据分析在品牌战略中的应用

数据分析在品牌战略中的应用，成为品牌决策的基础。通过分析消费者的购买行为、偏好以及市场动态,品牌能够获取更深入的市场洞察。这种分析不仅帮助品牌了解消费者的需求变化,还能揭示潜在的市场机会和威胁。品牌需要采用多种数据分析工具,整合来自社交媒体、电子商务平台及线下销售的数据,形成全方位的消费者画像。此外,数据分析还能够评估品牌活动的有效性,帮助品牌制定更为精准的市场推广策略。通过对历史数据的挖掘,品牌可以识别出影响销售的关键因素,从而进行针对性的调整和优化。数据驱动的品牌战略,不仅提升了决策的科学性,还增强了品牌的市场竞争力。

(二)实时反馈与品牌调整

在快速变化的数字环境中,实时反馈机制对于品牌的成功至关重要。品牌应建立有效的实时反馈系统,以便及时捕捉消费者对品牌活动和产品的反应。通过社交媒体监测、在线评论和顾客调查,品牌可以获得即时的消费者反馈,从而迅速识别出品牌战略中的不足和机会。实时反馈不仅可以帮助品牌了解市场需求的变化,还能够促进品牌与消费者之间的有效沟通,进而增强品牌忠诚度。品牌需要灵活应对这些反馈,快速调整市场策略、产品特性或客户服务,以提升消费者体验感和满足其需求。在这种动态调整中,品牌不仅能够快速响应市场变化,还能够在竞争中保持领先地位。

(三)预测分析与市场趋势把握

预测分析是品牌在数据驱动决策中不可或缺的一环。通过运用统计模型和算法,品牌可以基于历史数据预测未来的市场趋势和消费者行为。预测分析不仅有助于品牌制定中长期战略规划,还能优化资源配置,提升投资回报率。品牌需通过深入分析市场数据,识别出影响市场走势的关键因素,如经济环境、社会文化变化及技术进步等。这种对市场趋势的把握,不仅使品牌在竞争中获得先机,还能帮助品牌提前做好应对市场波动的准备。此外,精准的预测分析能够指导产品研发、市场营销及客户关系管理,使品牌始终保持与消费者需求的高度契合。

三、互动与参与的转型

(一)互动式营销的实施法则

互动式营销在数字时代成为品牌与消费者沟通的重要方式。其核心在于建立双向的沟通渠道,让消费者不仅是被动的接受者,还是积极的参与者。品牌在实施互动式营销时，首先需要明确其目标受众，深入理解他们的需求和兴趣，以便设计出更吸引人的互动活动。此外，品牌应选择适合的互动平台，如社交媒体、移动应用或品牌网站，通过这些渠道与消费者展开实时互动。这种互动不仅可以提升消费者的参与感，还能够增强品牌的亲和力和信任度。

互动式营销的成功实施离不开精准的数据分析。品牌需要持续监测和评估互动活动的效果，通过数据反馈不断优化策略，以确保活动能够真正满足消费者的期望。为了增强互动的效果，品牌还可以通过激励机制，如优惠券、抽奖等方式，鼓励消费者参与。互动式营销不仅能够提升品牌的知名度，还能提升品牌忠诚度，促使消费者在未来的购买决策中更倾向于选择该品牌。

（二）社群建设与品牌忠诚度提升

社群建设是数字时代品牌与消费者建立深度连接的重要策略。品牌通过构建社群，不仅能够增强与消费者之间的互动，还能够形成一种归属感，使消费者愿意长期支持该品牌。社群的建立需要品牌明确其目标，制定清晰的社群定位与价值主张，以吸引目标受众的参与。社群活动可以包括线上讨论、线下活动及内容分享等，品牌应鼓励消费者在社群中积极参与，分享他们的体验和反馈。

在社群中，品牌应发挥引导作用，积极倾听消费者的声音，及时回应他们的需求和建议。这种参与感不仅能提升消费者的忠诚度，还能激发他们的创造力，促使他们为品牌提供新的想法和反馈。此外，社群成员之间的相互支持和交流也能增强品牌的影响力，形成良好的口碑传播，进而进一步扩大品牌的市场影响力。

品牌在社群建设中还应注重价值的传递。通过提供有价值的内容和服务，品牌能够提升消费者的参与感和满意度，从而提升品牌忠诚度。品牌可以利用社群反馈来改进产品和服务，确保能够持续满足消费者的需求，实现良性循环。强大的社群不仅能够促进品牌与消费者的深度联系，还能够为品牌的长期发展提供坚实的基础。

（三）用户参与对品牌形象的影响

用户参与在品牌形象塑造中起着至关重要的作用。在数字化背景下，消费者不仅是品牌的受众，更是品牌形象的共同创造者。通过用户的积极参与，品牌能够更好地了解市场需求，塑造更符合消费者期望的品牌形象。用户参与的形式多种多样，包括在线评论、社交媒体互动、内容分享等，消费者通过这些方式表达他们的意见和体验，对品牌形象的形成产生直接影响。

用户参与能够提升品牌的透明度，消费者通过参与感受到品牌对他们声音的重视，从而提升对品牌的信任度。与此同时，用户生成内容的传播可以为品牌带来更高的曝光率，提升品牌的知名度和美誉度。品牌需要鼓励用户分享他们的使用体验，并通过社交媒体等平台进行广泛传播。这样的互动方式不仅增强了品牌的亲和力，还能够吸引更多潜在消费者关注和参与。

在用户参与的过程中，品牌应注重维护良好的互动关系，及时回应用户的反馈和评论，以展现品牌的人性化和关怀。品牌的形象不仅由企业自身塑造，更多的是通过用户的真实体验和评价来反映的。因此，积极鼓励用户参与、倾听他们的声音、认真对待他们的反馈，是提升品牌形象的有效途径。通过这样的方式，品牌能够在消费者心中建立起良好的口碑，从而在竞争激烈的市场中脱颖而出。

四、跨渠道整合的策略

（一）全渠道营销的重要性

全渠道营销是指品牌通过多种渠道与消费者进行互动与交易，旨在提供无缝的购物体验。在数字时代，消费者的购物路径变得更加复杂，他们可能在多个平台上接触品牌。因此，全渠道营销不仅提升了品牌的可见性，也使消费者能够根据自己的需求和偏好选择最适合的渠道进行购买。这种整合的营销策略不仅能够增强品牌的市场竞争力，还能够提升客户的满意度和忠诚度。

全渠道营销的成功依赖于对消费者行为的深入理解。品牌需要通过数据分析，识别不同渠道上消费者的行为模式，从而制定针对性的营销策略。此外，全渠道营销还要求品牌在各个渠道之间保持一致性，确保消费者无论在哪个渠道接触该品牌，都能获得相似的体验和信息。这种一致性不仅提升了品牌形象的专业性，也增强了消费者对品牌的信任。

全渠道营销还使品牌能够最大化其市场覆盖率。通过整合线上和线下渠道，品牌能够接触到更广泛的受众，增加潜在客户的转化机会。在数字化转型的背景下，品牌应当重视全渠道策略的实施，确保在不同渠道之间建立有效的互动，从而提升整体销售业绩。

（二）不同平台品牌形象的一致性

品牌形象的一致性是品牌成功的关键因素之一。在多个渠道上，品牌需要保持统一的视觉和传播语言，以确保消费者在不同平台接触到的品牌信息能够产生连贯的认知。无论是品牌标识、色彩、宣传文案，还是产品展示，都应在各个渠道上保持一致。这种一致性不仅有助于塑造强大的品牌认知，也使消费者在不同平台上的体验相互关联，从而提升品牌忠诚度。

在实现品牌形象一致性的过程中，品牌需要对各个渠道的特性和受众进行深入的分析。尽管不同渠道的传播方式和受众需求可能存在差异，品牌仍需确保核心价值观和品牌主张的传达是一致的。为了实现这一目标，企业应制定详细的品牌指南，明确各渠道的品牌形象标准，确保所有营销人员和合作伙伴在品牌实施时保持一致。

（三）渠道选择与资源配置优化

在跨渠道整合的过程中，渠道选择与资源配置优化至关重要。品牌需要根据目标受众的行为和偏好，选择最适合的渠道进行营销。这一选择不仅涉及传统的零售渠道，还包括在线平台、社交媒体及移动应用等。品牌应通过市场调研和数据分析，了解不同渠道的效益，以便合理分配资源。

资源配置优化是确保跨渠道营销成功的关键因素。品牌需评估每个渠道的成本效益，合理分配预算，确保在最有效的渠道上投入更多资源。同时，品牌还应考虑各渠道的协同效应，利用不同渠道之间的优势，提升整体营销效果。例如，通过线上渠道获取的客户数据可以用于线下销售，反之亦然，从而实现资源的最佳配置。

品牌在进行渠道选择和资源配置时，还需关注市场趋势和技术发展。随着消费者行为和市场环境的不断变化，品牌需要灵活调整渠道策略，及时响应新的市场机会。通过建立灵活的资源配置机制，品牌能够在竞争激烈的市场中保持敏捷性，最终实现可持续增长。

五、创新与灵活性的提升

（一）快速适应市场变化的品牌策略

在快速变化的市场环境中，品牌需要具备快速适应变化的能力，以应对不断变化的消费者需求和竞争压力。这种适应能力要求品牌具备灵活的战略规划，能够在短时间内调整营销策略、产品特性及服务内容。品牌必须建立动态的市场监测机制，通过实时数据分析，迅速识别市场趋势和消费者偏好的变化。这种敏捷的决策能力使品牌能够及时作出反应，抓住市场机遇，避免因反应迟缓而失去竞争优势。

快速适应市场变化还需要品牌在内部流程中实现高效的协同。品牌应当促进不同部门之间的沟通与协作，确保市场反馈能够迅速传达到产品开发、营销和客户服务等各个环节。通过建立跨部门的工作小组，品牌能够更好地整合资源，快速响应市场变化。此外，品牌还应鼓励创新思维，赋予员工更多的决策权和自主权，使其在面对变化时能够更加灵活地作出调整。

在这种快速适应的策略下，品牌还需重视与消费者的互动，通过多样化的沟通渠道，获取消费者的直接反馈。通过持续的消费者参与，品牌能够更精准地把握市场动向，及时调整战略，实现品牌价值的最大化。最终快速适应市场变化的品牌策略能够帮助品牌在激烈的竞争中立于不败之地，并保持持续增长。

（二）设计思维在品牌转型中的应用

设计思维是一种以人为中心的创新方法，在品牌转型过程中发挥着重要作用。这种方法强调通过深入理解用户需求，推动产品和服务的创新。在品牌转型中，设计思维能够帮助品牌更好地识别目标消费者的痛点和期望，从而制定出符合市场需求的解决方案。品牌在应用设计思维时，首先需要进行用户调研，获取关于消费者行为和心理的深入洞察。这一过程不仅能够帮助品牌明确消费者的真实需求，还能激发创造性的解决方案，从而推动产品和服务的创新。

设计思维的核心是快速迭代和原型测试，品牌应在转型过程中不断进行小规模实验，通过快速迭代和原型测试，验证想法的可行性。这种迭代过程使品牌能够及时调整方向，避免因过于依赖单一想法而导致资源浪费。通过不断测试和调整，品牌可以在市场上推出更符合消费者期望的产品，提升用户体验感和满意度。

此外，设计思维还应鼓励团队合作和跨学科交流，品牌可以通过不同背景的团队成员共同参与设计过程，激发多元化的思维和创意。通过这种协作，品牌能够更全面地考虑消费者的需求，从而制定出更加创新和有效的品牌策略。在品牌转型的过程中，设计思维的应用不仅能提升创新能力，还能促进品牌与消费者之间的深层次互动，增强品牌的市场竞争力。

（三）创新文化对品牌发展的影响

创新文化是品牌长期发展的基石，它塑造了品牌的价值观、工作方式和战略方向。在数字化快速发展的背景下，品牌必须建立以创新为核心的企业文化，以激励员工的创造力和积极性。创新文化强调开放性和包容性，鼓励员工提出新想法和解决方案，从而形成一种持续学习和改进的环境。在这种文化下，员工不仅被视为执行者，更是品牌创新的重要参与者。

建立创新文化需要品牌在组织结构和管理方式上进行相应的调整。品牌应鼓励跨部门合作，促进信息的共享和交流，形成良好的沟通氛围。此外，品牌还应设立激励机制，认可和奖励那些为创新做出贡献的员工，激励团队积极参与创新活动。这种机制不仅能提升员工的参与感和归属感，还能进一步促进创新成果的产出。

创新文化的建立还要求品牌注重市场反馈，将消费者的意见和需求融入创新过程中。品牌应建立有效的反馈机制，鼓励消费者参与产品设计和服务优化，以确保创新方向符合市场趋势和消费者期望。通过这种互动，品牌能够更好地把握市场机会，最终实现持续创新和增长。

六、品牌信任的建立与维护

（一）透明度与品牌信任的关系

透明度是品牌信任建立的基础。在数字时代，消费者对品牌的期望不仅限于产品质量，还包括对品牌行为的透明性。品牌透明度体现为信息的公开性和可获得性，包括产品来源、生产过程、企业文化和社会责任等方面。当品牌能够清晰、真实地向消费者传达这些信息时，消费者会更容易对品牌产生信任。透明的品牌行为不仅能减少消费者对品牌的怀疑，还能提升品牌的忠诚度，从而形成积极的品牌形象。

在透明度的建设中，品牌需要主动沟通，定期发布企业的运营状况、社会责任报告和可持续发展目标。这种开放的态度能够有效地拉近品牌与消费者之间的距离，使消费者感受到品牌的诚意和责任。此外，透明度还体现在对消费者反馈的积极回应上。品牌应鼓励消费者分享意见，并对其反馈进行认真对待和积极回应。这种双向的沟通机制不仅能够提升消费者对品牌的信任感，还能促进品牌的不断改进和优化。

总之，品牌透明度不仅是增强消费者信任的有效工具，也是品牌在竞争中脱颖而出的重要因素。品牌应通过建立透明的沟通渠道，提升信息的可获取性，从而进一步增强消费者对品牌的信任。

（二）危机管理与品牌恢复法则

品牌在发展过程中难免会面临危机，如何有效应对危机并实现品牌恢复，是品牌信任维护的重要环节。危机管理的首要任务是迅速识别危机的性质和影响程度，并制定相应的应对策略。在危机发生时，品牌需保持冷静，迅速成立专门的危机处理团队，负责信息的收集、分析与传播。这一团队的核心职责是确保信息的透明性，及时向公众通报事态进展和品牌的应对措施，避免信息不对称造成的不良影响。

有效的危机管理还需要品牌在危机发生后，积极采取补救措施。例如，品牌应认真对待消费者的反馈，采取措施解决问题，以证明其对消费者的重视和承诺。此外，品牌还需进行深入的自我反思，分析危机发生的根源，从而制定相应的改进措施，以避免类似问题的再次发生。通过这种积极的危机管理，品牌能够在危机中保持声誉，从而赢得消费者的理解和信任。

恢复品牌信任的过程通常需要一定的时间，品牌应通过长期的努力来重建与消费者的关系。在这一过程中，品牌需要不断展示其对质量和服务的承诺，确保在未来的运营中不再出现类似问题。同时，品牌应借助社会责任活动，提升公众形象，重塑消费者对品牌的信任。

（三）社会责任与品牌信誉的提升

社会责任是品牌信誉的重要组成部分，越来越多的消费者在选择品牌时，关注其对社会的影响和贡献。品牌履行社会责任，不仅是对社会的回馈，更是建立良好品牌形象和增强品牌信任的有效途径。品牌在实践社会责任时，需明确其社会责任的领域，如环境保护、社区发展、教育支持等，并结合自身的核心价值观，制订相应的责任计划。

通过积极参与社会责任项目，品牌不仅能提升自身的社会形象，还能增强消费者对品牌的认同感。当消费者看到品牌在实际行动中践行社会责任时，往往会对品牌产生更深的情感连接，从而提升品牌忠诚度。此外，品牌应利用各种传播渠道，分享其社会责任活动的成果和影响，提升透明度和公众参与感。通过讲述品牌在社会责任方面的故事，品牌能够更有效地传递其价值观，增强消费者的信任。

社会责任的履行不仅限于品牌的外部行为，品牌内部也需建立相应的文化和机制，确保所有员工都能理解并参与社会责任的实践中。这种内外兼修的社会责任战略，不仅提升了品牌的整体信誉，也为品牌的长期发展奠定了坚实的基础。

第四章　数字时代的品牌顶层设计

第一节　数字时代的品牌打造

一、互联时代品牌打造的三个原则

企业之所以能够存在，是因为其为社会创造了价值，为用户创造了价值。数字时代的到来，似乎让传统企业一夜之间陷入了困局。但回过头来，回归本源来看品牌营销，我们就会发现，数字时代的品牌打造，离不开以下三个原则。

（一）发现社会价值

从价值的层面来看，品牌营销就是发现价值、塑造价值和传递价值的过程。随着数字时代的到来，信息碎片化、信息爆炸加速、信息的流动和传递，商家与消费者的互动更加充分，消费者与企业和商家的沟通更加扁平化，信息不对称的情况已经大为改观，甚至一去不返。这也预示着，企业做品牌、做营销需要更加关注消费者而非竞争对手。

1. 价值来源

价值主要来源于三个方面：一是满足需求；二是达到企业的营销目标；三是承担社会责任。满足需求而不是需要，同时达到企业的营销目标，最终为社会和消费者做贡献。

无论是基于企业的品牌还是营销，企业要深度发掘基于消费者层面的"核心需求"，而这种"需求"是基于生理的需求，但又离不开消费者的精神和文化层面需求，即要由生理、功能的需求上升到心理、精神和文化的需求和向往，造就一种令人神往的生活方式、体验、精神寄托和归宿。因此，无论是高端品牌还是普通的大众品牌，其代表和提供的价值，一定是和目标群体相联系，能够从精神层面诠释这种联系和相关性，并做到尽可能的高度重合，而这样的重合才能引起目标群体的共鸣。

2. 价值呈现

关于价值的呈现，是在品牌价值发掘和规划之后，所展示出来的整体形象，如包装形象、产品形象、企业形象、服务形象、行为方式等。如果此刻将品牌看作一个人，价值的呈现就是这个人是一个什么样的人，具有什么风格、主张和行事方式等。

价值的呈现，当然不仅是一款产品的外观或者包装，更应该包括品牌的故事、历史、文化和精神内涵，这需要长期的运作，而非一日之功。富不算什么，要由富到贵。所谓贵族，并不是你赚到了足够多的钱，而是你要有一种积累和沉淀，其心态也要达到同样的高度才行。

3. 价值传递和扩大

价值传递是在价值发掘、规划、呈现后的最后一步，也就是将价值传递出去，让目标消费者体验，并形成口碑和消费忠诚度。

有人说小众产品要大众传播，还举例法拉利跑车经常参与F1方程式赛车、开设体验馆等。其实，赛车、跑车跟高端水平的行业属性是不一样的，法拉利参与F1方程式赛车是跟其品牌属性高度相关的，体现和传递了一种运动与冒险的精神，和高端人群在商业领域的冒险精神也一脉相传。这跟高端品牌的"大众传播"关系不大，只能算是软性广告和互动广告。

企业的品牌核心价值是什么，要呈现什么价值给目标消费者，那么就要选择一条跟目标消费者高度重合的传播渠道，跟目标消费者心理、接触媒体的习惯及他们的所思所想要吻合，而不是一味地小众品牌大众传播。那样就算场面很热闹，实际上做的是跟企业的品牌目标消费者远离和背离的事情。

（二）精准把握客户的"痛点"

客户"需求"是一个很"虚"的概念，而"痛点"就是硬需求。做营销只有把握客户的"痛点"才能找到快速崛起的突破口。无论大企业还是小企业，都需要把握客户的"痛点"，洞察消费市场的趋势和先机。特别是大企业，不能单靠等待机会，而是要创造新的市场机会。例如，腾讯如果继续基于QQ的应用、游戏进行升级，是无法创新，形成自身的优势的，甚至会被其他互联网公司超越。这时，微信出现了，腾讯敢于"革自己的命"，从模仿走向了颠覆和创新，因此在移动互联网的战场上领先了一步。

（三）界定品牌的边界

首先，企业业务的聚焦。娃哈哈历年的增长，靠的绝不是童装、地产、煤矿、超市，也不是白酒，而是饮料。聚焦大食品，做大单品，是保持稳定增长的主要路径。

其次，无论是数字时代还是传统营销时代，拳头产品，也就是大单品是企业获得高利润、不断壮大的根本。人人都说要去做平台，但平台的形成却没有那么容易，特别是对于实体企业而言，核心产品是第一位的。只有具备竞争力的产品，企业才有机会做成平台和生态链。

最后，差异化的商业模式。要做到差异化，一是要有发展趋势的产品；二是要有凝聚力的团队；三是要有差异化的商业模式。专注企业核心业务，做强、做深、做透。好产品决定你能做多快，好团队决定你能做多久，而差异化的商业模式决定你能做多大。

二、品牌打造的五个步骤

数字时代，营销的本质并没有改变，还是需要经营者把握需求、满足需求、控制需求。但在数字时代，打造品牌的工具和方法却一直在变化。以前，通过大规模的广告活动和推广活动让消费者知晓品牌（知名度），然后通过缩小范围进行有针对性的告知和推广（认知度）。这时受众范围缩小了，再通过连续的、有针对性的推广和活动形成美誉度，直到忠诚度的形成，之后形成良好的品牌联想，最终成为口碑，消费者帮助企业去传播。

数字时代的品牌打造与传统品牌打造模式刚好相反，先做口碑，再做忠诚度直到全面覆盖受众。以下是数字时代品牌打造的五个步骤。

（一）极致口碑

极致口碑来源于极致产品，没有好的产品，一切都是空中楼阁。要做到极致必须达到以下三点要求：

1. 小而精

如果一年推出几百种产品，要做到"极致"很困难，但如果一年只推出几款产品，就可能做到。

2. 界定好边界

品牌都要有边界，一个品牌只能代表某类消费者，而不可能是全部的消费者，所以要有所界定和取舍。例如，娃哈哈做地产、做超市、做童装，甚至做白酒，都很难成功。

3. 快速革新和升级

任何一位顾客都不希望十年如一日看到同样一种产品。

特别值得注意的是，口碑的来源是超出客户的期望。例如，宜家家居的购物环境体验，到了宜家家居，上扶梯可以看到扶梯外面还有一个保护装置，是防止儿童乘梯时出现意外，让人感觉很贴心；在一张床垫的旁边或者一张沙发的上面，会看到这样的温馨提示：请躺下（坐下）试试。而在其他很多卖场，会看到这样的提示：非请勿坐。一看到这样的"警告"，你会想立马转身走掉。

（二）由极致口碑形成忠诚度

有人说，数字时代是去中心化、媒体碎片化、没有权威的时代，因为大家自身都是"权威"，是媒体，这话不无道理。但本书仍然认为数字时代一样可以形成品牌忠诚度，一样可以塑造伟大的品牌。

由内而外的品牌塑造，更具有爆发力和穿透性；由铁杆粉丝、"骨灰级"玩家形成的口碑，带动最核心的目标用户，完成最关键的消费群（圈子）建立。这些用户是种子用户，可以不断地进行向外辐射并影响其他用户。

（三）忠诚度到更大的美誉度

种子用户积累到一定程度，就需要向更大的消费群进行扩容。实际上这是一个最关键的环节。培养口碑、忠诚度的消费群还是小范围的，也是可以控制的，如小米的粉丝从100人发展到1 000人的时候很容易，但如果要达到1万人、10万人，甚至100万人的时候，起码需要做到以下两点。

1. 社会化媒体的参与

如微博对于陌生人之间的营销和话题性炒作或者传播效果非常好，引发事件等于在陌生人之间快速传播。

2. 最终"引流"到目标消费群上

一般通过活动形式开展，如微博的抽奖、关注转发有奖等手段，做到在内容上有趣、好玩。

（四）美誉度到更广泛的认知度

精准地做消费群和社群工作，并不仅仅是为了在小的圈子获得认可进行变现，营销的终极目标是实现全渠道的分销。一款产品的全面畅销，一定是线上、线下的货畅其流。

从美誉度到更广泛的认知度，其实就是要让传统媒体参与进来，利用传统媒体的优势，更广泛地覆盖消费群体。这一步是借助传统媒体进行传播，特别是免费的传播，为品牌的继续强化服务。

（五）认知度到全部受众的知名度

经过以上的四个步骤，基本完成了数字时代的品牌打造。最后是需要线上和线下的结合，打造一个全社会有影响力的品牌。这时候需要全国知名的传统电视、杂志、报纸等媒体平台的参与。

很多互联网品牌，从诞生之日起，从没有在传统媒体平台上打过一分钱的广告，直到有了很好的口碑，才在媒体上打出形象广告。这个时候，是品牌全面覆盖消费者的时候，是数字时代品牌建立的最后一步，也是快速且成功地建立一个公众品牌的时候。

从品牌营销的角度来说，这五个步骤当然不是孤立存在的，但从企业价值、顾客价值的角度上来说，"知名度"绝对不是品牌的一个初级阶段，而是品牌的终极阶段。

美誉度、忠诚度当然可以起到口碑传播、带动销售的作用，但"知名度"覆盖达不到全体受众，就不会成为一个全社会有影响力的品牌。只有让更多人知道，才会有更多的销售机会，因此从这个角度来说，没有"知名度"，一切销售都是空谈。这也是跨国公司需要不断进行传播的深层原因所在。

三、品牌打造方式

（一）从大人群到细分社群

传统营销中，一个品牌可以覆盖一大群人，尽管也会做出一定的细分，但是没有那么强的针对性。例如，保健酒细分人群就是男性群体。在数字时代，企业要细分消费人群就不能笼统地说目标客户是白领，还应该继续细分。

企业在品牌打造上面要做好精准定位。例如，煎饼铺，不到20平方米的面积，16个座位,主打产品是不起眼的煎饼馃子,店铺外面却经常排起长队,这么火爆的原因在于:以煎饼馃子为主打产品,客户定位在中央商务区的白领身上。对于追求生活品位但又时间有限的白领来说,对食品的要求主要有三点:一是物美价廉;二是卫生;三是要有一些附加值,如就餐环境舒适、有格调。

某煎饼铺的食品攻略是这样的:把营业时间定为每天早上7点到第二天凌晨两点半,而且推出了夜间外卖;重视品质,油条一定要无明矾现炸,豆浆一定要现磨。着力打造格调,店面装潢以港式茶餐厅为模板,精挑细选了流行、爵士、蓝调等背景音乐,店里陈设着从世界各地淘来的小玩意儿,如从巴黎带回来的斑牛雕塑,从日本买来的招财猫,这一系列策划和布置,极为符合白领的需求。

这就是品牌打造之道,从大人群到细分人群。这是因为细分人群以后,小的市场反而更容易成功,投入的成本更少。在移动互联网上,企业的竞争对手会变得更多,想要脱颖而出首先要做的就是聚焦个性化的目标市场。就像在大池塘能捞的基本是小鱼,而关注小池塘的大鱼才是网络时代的科学市场细分方法,因为这里的"鱼"基本是一类,用一种"鱼饵"就够了。

以前在谈到人群定位和商业模式选择时有一个最大的"谎言":如果每个中国人给我1元钱,我只挣每个中国人1元钱,那我就盈利14亿元。这最大的失败原因就是产品的定位人群太广,受众面太大,所以到最后99.99%的项目和公司都失败了,只有腾讯等互联网的平台型公司做到了。小米一开始给手机的定位是:发烧友级别的手机。很多人觉得一定会失败,因为光靠发烧友养不活公司,结果小米成了发展最快的百亿美元级公司,成了中国智能手机的霸主,成了年销量近乎1亿台的男女老少皆宜的手机。小米一开始定位为专业的发烧友级别人群,它的品质、情怀、释放参与感赢得了更多人群的喜欢,实现了从点到线,再到面和体的扩散。现在除了年轻人,还有很多中老年人也在使用红米,可以说是实现了全人群的覆盖。小米成为智能手机"便宜耐用"的代表,成了智能手机的入门标配、发烧标配、年轻标配。这就是定位越小,企业反而做得很大;定位很大,企业反而做得很小的例证。

(二)从USP独特卖点到CEP顾客互动点

以前企业在打造某款产品之后,都会提炼产品卖点USP(独特的销售主张),认为提炼了这样的卖点、广告语、品牌就可以让消费者轻松区分不同产品之间的差异,确定自己的产品优势,消费者就会购买自己的产品。不得不说,这种方式确实有过一定的辉煌,但是在数字时代，社交媒体如此发达，消费者要想知道一款相似、销量高、好评多的产品，几乎在微信朋友圈发布一条消息就可以达到目的——消费者更愿意购买那些经过大家验证过的产品。

所以，品牌塑造应该转移到 CEP（顾客互动点）。要了解 CEP，先要认识营销流程。传统企业做营销流程只是一个交易，而互联网新营销流程是八个字："接触""互动""交易""关系"。这就像谈恋爱，恋人之间没有之前的早期"接触"和约会"互动"，是很难进入结婚（"交易"）及形成夫妻间深厚感情的忠诚"关系"的。所以说，传统营销流程就是纯粹的买卖关系，是需求造成的。在数字时代，满足顾客需求的同类产品太多了，企业要想形成自己的核心竞争力就需要从 CEP 来合理定位，把产品和情感连接起来。因此，企业不仅要投入精力和财力来设计商标，更要投入和消费者的接触点营销，这才是营销的重点。

（三）从整合营销到互动营销

在数字时代，真正好的品牌不仅是多样化的传播方式，更重要的是企业和消费者之间的互动沟通（前面说的 CEP 谈到了互动的重要性）。所以，在数字时代，品牌塑造要将重心从渠道传播的整合营销转移到 365 天和消费者保持互动上来。

品牌之所以是品牌，其价值在于能够提供体验，良好的体验才能让消费者重复购买。只有重复购买才能称之为品牌，如果企业跟消费者只是一锤子买卖，交易完就没事了，没有互动，没有评价，没有转介绍，那跟普通产品毫无区别。消费者的认可、忠诚、互动才是一个品牌应有的附加值。所以，在数字时代，品牌的营销方式也在发生着巨变，与其在传统渠道和媒体上加大投入，不如在与客户互动方面下功夫，让消费者去认识、感知、体验品牌，最终成为品牌忠实的用户。

（四）从传统大众媒体到社会化网络媒体

以前，创建一个品牌无非就是打通销售渠道，然后挖空心思想好广告语、卖点等，接着就是通过电视、报纸、杂志、广播等传统媒体进行轰炸式推广，让消费者知道企业的品牌，再加上企业在一些地区进行线下活动，争取一些品牌的曝光率，让消费者进一步感受企业品牌，从而让企业品牌脱颖而出，达到推动日后销售的目的。

在数字时代，新媒体非常发达，消费者的注意力被分散了，不像以前在单一媒体时代，企业品牌很容易就能引起消费者的关注。企业原来的做法是 AIDA（引起注意—引起兴趣—作出决定—购买行动），网络时代是 AISAS（attention，interest，search，action，share），中间比原来多了 search（搜索），最后多了 share（分享）。毫无疑问，新媒体时代消费者有了更多的选择。对于企业来说，品牌的打造方式不再单一了，只有选择适合自己和对应消费者的新媒体才能让品牌塑造更加顺利，让品牌推广效果更好。

（五）从形象工程到顾客评价

以前，企业和消费者是单一沟通的，消费者和消费者之间很难接触到，即使有消费者对企业品牌投诉，其他消费者也看不到。所以，很多消费者在购买产品的时候，会以那些从传统媒体上能够看到的产品样式、商标等作为购买依据。因此，很多企业只要把形象工程搞好，在传统媒体上多做一些广告，一般就不会运营得太差。

但是，到了数字时代，社交媒体发达了，消费者之间即使不认识，也依然可以通过社交媒体上其他消费者对产品和企业的评价来获得信息。于是，企业的口碑变得非常重要，良好的口碑无疑是消费者购买的关键因素。小米手机的销量之所以好就是因为有较好的口碑。消费者的口碑可以让一款产品迅速成为一种品牌。

得益于网络，消费者之间可以相互沟通，互通有无。网络让消费者之间产生了联结，他们在网络上的各种资讯中获得品牌的信息，不断交换彼此对品牌的看法。所以，企业必须打进社交网络，官方微信、微博、WAP站、官网等，这些都是消费者了解企业资讯的第一站。企业需要一个交互营销策略让自身的品牌在搜索引擎关键字和自然搜索优化上取得最好的搜寻效果，让网上出现更多正面的口碑评价。

在数字时代，消费者的角色发生了重大变化，消费者已经成为企业品牌设计的参与者、品牌塑造的推动者及品牌推广的营销者，成为企业免费的营销员。营销从企业主导转为消费者主导，相比传统品牌塑造的重点在传统付费媒体和大众市场上，消费者现在更愿意通过自己搜索及好友分享来决定购买哪个品牌，所以在网络时代，只有有良好品牌体验的品牌才能真正称为品牌。

第二节　数字时代的消费者角色定位

一、受众

看到、听到、接触到产品或者品牌信息的人，我们称为受众。如果说知名度已经有了，不需要在这个层面继续进行传播，那么可口可乐就不用继续做广告了，因为知名度已经很大，没有人不知道这个品牌。但为什么可口可乐还是大规模进行受众的传播，为什么小米手机做出了规模还要在中央电视台投入广告，因为知名度是第一位的，并且也需要维持，提醒受众进行消费，否则就没有消费者来源。

二、用户

我们将使用企业产品或者服务的个人或组织称为用户。用户可能是付费的，但也可能是没有付费的。对于做品牌而言，"用户"这个词的出现可以算作互联网发展的一个里程碑。一切以用户为中心，这也是互联网思维的第一要素。

360软件用免费模式打败了瑞星杀毒和卡巴斯基杀毒软件，QQ游戏打败了联众游戏，都是免费的力量。免费只是作为一个商业模式的手段，并不是目的，因为有了用户，聚集了用户，就不怕没有赚钱的机会。这其实跟线下的百货和卖场的道理是一样的，有了人流量才可能有赚钱的机会。

淘宝用免费开店聚集了几百万家店铺，通过支付宝盈利了，也通过从集市店进行筛选升级做了天猫平台，实现了收费。而前面说的一切，如淘宝亏损10年，要的就是用户，因为一切要回到"用户是基础"的原点。

三、消费者

消费者是不但消费而且是付了款的用户。消费者是衣食父母，但千万不要把消费者作为"上帝"，"上帝"看不见摸不着，企业要把消费者作为朋友。既然说消费者是衣食父母，就要时刻想到怎么做好消费者的服务，让消费者满意，甚至超出消费者的期望。还要时刻想到消费者有什么需求没有满足，用好的产品、包装、品牌打动消费者，让消费者不但购买，而且不停地重复购买。

四、传播者

经营者不但要让消费者自己购买产品，还要让消费者告诉身边的亲朋好友也来购买，实际上消费者已经成为企业的口碑宣传员。大家都有这样的体会，看一个广告上说某款产品好，一开始还不一定相信，但如果身边的好朋友说这个品牌或者产品好，信任度会大幅提升。如果能让消费者自己说好，向身边的朋友说好，企业的品牌和产品就会迅速实现销售，从而占领市场。

要让消费者"自动自发"地对产品进行传播需要做到以下三点：

1. 有利，和消费者的利益相关

在信息过度和信息爆炸的时代，和自己无关的东西，消费者基本会忽略，不会去做评论和传播。特别是在数字时代，一段时间的热度是按照分钟计算的，过了这个时间点，就没有价值了。

2. 有趣味性，好玩

在这方面，杜蕾斯的新浪微博社会化营销就相当成功。

3. 有记忆点

能够快速地记住，如一句流行的广告语、一个卡通形象等。

第三节　数字时代的品牌价值重组

一、品牌价值

（一）功能价值

在当今这个竞争激烈的市场环境中，一个品牌的产品要想在众多选项中脱颖而出，赢得消费者的青睐，首要前提便是必须满足消费者的某种现实需求。简而言之，产品必须具备明确且显著的使用价值，这是品牌生存与发展的基石。试想，当消费者进入超市，面对琳琅满目的商品时，他们的选择往往基于产品的实用性、安全性和可靠性。因此，一个品牌若想赢得消费者的信任与忠诚，就必须在产品质量上狠下功夫。

产品质量并非孤立的存在，它与品牌形象、企业文化、售后服务等多个方面紧密相连。一个优秀的品牌，不仅要在产品质量上追求卓越，更要在品牌形象的塑造、企业文化的传承以及售后服务的完善等方面下足功夫。只有这样，才能在消费者心中树立起良好的口碑，进而形成品牌忠诚度。

事实上，许多知名品牌之所以能够长盛不衰，正是因为它们始终将产品质量放在首位。例如，德国的汽车工业素以高品质著称，其生产的汽车不仅性能卓越、安全可靠，而且工艺精湛、细节处理到位。这种对产品质量的极致追求，使得德国汽车在全球范围内赢得了广泛的赞誉和认可。又如，日本的电子产品行业同样以高品质著称，其生产的手机、相机、家电等产品在全球范围内享有盛誉。这些品牌的成功秘诀就在于它们始终坚持以消费者为中心，不断提升产品质量和服务水平。

当然，也不能忽视那些因产品质量问题而遭遇"滑铁卢"的品牌。这些品牌往往因为一时的疏忽或贪婪，放松了对产品质量的把控，最终导致了消费者的不满和失望。这样的例子不胜枚举，它们用血淋淋的教训告诉我们：无论一个品牌多么响亮，一旦产品质量出现问题，就不可能受到消费者的追捧。

因此，对于任何一个品牌来说，要想在激烈的市场竞争中立于不败之地，就必须始终将产品质量放在首位。只有这样，才能赢得消费者的信任与忠诚，进而实现品牌的可持续发展。同时，我们也应该认识到，产品质量并非一成不变的概念，它随着时代的发展和消费者需求的变化而不断变化。因此，品牌需要时刻保持敏锐的市场洞察力，不断地调整和优化产品策略，以满足消费者日益增长的多元化需求。

（二）情感价值

情感价值是品牌的内在价值，是品牌文化的表现之一，在很大程度上影响着消费者的品牌偏好。例如，可口可乐和百事可乐这两款饮料很多人都尝不出味道差别，之所以各自拥有忠实的客户群，是因为可口可乐的品牌定位是"最正宗的饮料"，而百事可乐的品牌定位是"属于年轻人的饮料"。它们通过一系列品牌塑造的宣传活动，为不同人群注入了不同的品牌印象。因此，消费者在选择自己钟爱的可乐品牌时，往往并不是因为其味道，而是为了一种情感上的共鸣。

（三）自我实现价值

在消费市场中，品牌的选择早已超越了简单的物质需求，它如同一面镜子，映射出每个人的社会地位、独特品位以及深层次的价值观。当我们深入探讨为何众多人士对奢侈品情有独钟时，不难发现，这背后所蕴含的绝不仅仅是产品本身的质量与外观设计上的卓越。奢侈品，这一独特的存在，其魅力在于它超越了物质层面的界限，成为一种身份的象征，一种文化的传承，以及一种情感上的寄托。从质量与设计层面来看，奢侈品品牌往往汇聚了全球顶尖的设计师与工匠，他们凭借对美的极致追求与精湛的工艺技术，打造出令人叹为观止的作品。这些产品不仅在材质上精挑细选，确保耐用与舒适，更在设计上独树一帜，引领着时尚潮流。然而，奢侈品之所以能够成为众多人心中的向往，绝不仅仅是因为这些外在的优越条件。更深层次地，奢侈品代表的是一种社会地位与身份的象征。在这个充满竞争的社会里，人们往往通过外在的符号来展示自己的成功与地位。奢侈品，作为高端市场的代表，自然而然地成了这种展示的最佳载体。当一个人能够轻松拥有并驾驭这些奢侈品时，他在别人眼中便自然而然地成了成功者，是社会的精英阶层。这种由奢侈品所带来的社会认同，无疑极大地满足了人们的虚荣心与自尊心。

二、品牌核心价值的构成维度

品牌具有功能性利益、体验性利益与象征性意义三种不同的利益体现。所以，品牌核心价值也可以从物理、情感及象征价值三个维度上体现。

（一）物理维度

物理维度就是指产品的使用价值及效果，通常指的是产品的功能，以及产品所具有的属性、产品的质量、产品能够给人们带来什么作用。物理维度是消费者对产品的第一印象。很多的消费者是通过第一印象产生好感之后选择产品，进而才会长久地对此品牌产生一定的信任感，所以一个产品在推出的时候起重要作用的是物理维度。物理维度如何维持下去就要依靠产品的价值。

通常产品需要从物理维度来维持自身的价值是在产品刚上市及产品被人们熟识之后的阶段。此时，一般企业会选择用物理维度来吸引消费者的眼球，增加产品的产量及消费水平。但是，在创造一个产品的时候，产品所具备的物理属性是很容易被其他的品牌所模仿。所以在消费者对产品产生一定的认识度之后，应当加强产品的核心价值，赋予产品更多的情感和价值主张。

（二）情感维度

情感维度在于当下顾客对产品产生了兴趣，然后在试用过程中感受产品的好处，进而购买产品后产生的感觉。情感维度具体是指通过消费者对此产品所产生的感情，以及产品能够满足消费者的心理所需，使之对产品产生依赖。

情感维度是要构建一种生活格调、文化氛围或精神世界，为消费者拥有和使用品牌赋予更深的意味，引导人们通过移情作用在产品消费中找到自我和获得慰藉。同时，将感情维度注入品牌中，会使品牌更具有生命力，变得有活力、有性格、有魅力、有风格，并能与消费者产生"心心相印"的精神共鸣。

（三）象征价值维度

人们在选择某一产品或者商品的时候，往往是为了能够体现自己与其他人的不同，并能代表自己特有的个性。所以人们在选择品牌的时候就会选择一些能够代表自己特性的品牌，以此来加强自身的形象，这种象征价值就是消费者向人们所流露出来的，展现自己的同时是为了别人能够认可自己。

象征价值维度向人们展现的就是一种对价值观、生活态度及个性化的追求，所形成的具体表现，从而使消费者产生印象并影响消费者的价值体系。例如，谷歌在价值方面所追求的就是"永不满足，力求更佳"的态度；迪士尼所呈现的"梦想＋信念＋勇气＋行动"，体现了一种积极向上的价值观；可口可乐的"快乐与活力"，体现的是一种生活的态度；劳力士的"尊贵、成就、完美、优雅"，体现的是一种生活品质。将品牌形象化，赋予这一形象一定的特征，从而体现了自身的核心价值。

三、品牌核心价值的确定

品牌赖以长期生存的基础是解决客户的核心需求，即提供给客户的核心价值。它决定了一个品牌价值最终带给消费者哪种利益方面的体验。品牌价值可以有多个方面的体现，然而，品牌的核心价值却只能有一个。强势品牌的核心价值多指向情感价值和自我实现价值，如某汽车品牌的核心价值是"驾驶的乐趣和潇洒的生活方式"。对于一个品牌来说，确定核心价值非常重要，它是一个品牌的核心与灵魂。一个品牌想要定位自己的核心价值，具体可以采取强调品牌的领先地位、推出新一代产品、关联定位法、对立定位法、切割定位法等定位自己的品牌。

（一）强调品牌的领先地位

当一些世界知名品牌进入中国市场时，往往没有经过大量宣传推广便能获得消费者的认可。其优秀的产品品质自然是原因之一，但更重要的是，它们分别是快餐行业和IT（信息技术）行业的佼佼者。也许消费者并不了解这些品牌的内涵，但这并不影响他们进行消费，这主要是源于品牌领先地位的引导。

品牌的领先地位包含许多方面，一个品牌很难每一项都做到第一，但只要有一项做到领先，并给消费者留下深刻印象，那么便能为品牌注入强大的竞争力。

通常，品牌的领先地位会从以下五个要素表现出来：一是产品销量和市场占有率的领先地位；二是企业资产规模的领先地位；三是杰出人才和领军人物的领先地位；四是技术能力的领先地位；五是细分市场的领先地位。

除以上五种传统的领先要素外，企业还可以独辟蹊径，寻找竞争对手所没有关注的要点快速抢占高地。找准品牌优势，坚持自己的风格，将品牌的领先因素发扬光大，并进一步变为独特的品牌识别,是迅速成就领先地位的关键所在。

(二)推出新一代产品

推出新一代产品也是一种在消费者心中很好地定位品牌核心价值的方法。营销者可以通过新一代产品加深消费者心中对品牌核心价值的印象。例如,某手机品牌在强调科技的同时,更加强调人本主义。它每推出一个新产品,消费者都能感受到其强大的功能,同时该手机品牌精致的外形设计更加符合时尚消费者的要求。在强调"科技""时尚"之下,该品牌自然成了众多消费者的选择。

(三)关联定位法

所谓关联定位法就是品牌与同类的其他品牌相关联,努力发展成为第二品牌。这样,在客户的心中你就会成为第二选择。

企业将自己的品牌与同类的领导品牌相比较,总结出相同和相异的地方,从相异的地方入手,确立自己品牌的核心价值。因为其是第二选择的品牌,这样很容易形成自己的客户群。如若领导品牌出现什么问题,那么第二品牌就可以乘势而上,取而代之。

(四)对立定位法

对立定位法同关联定位法不同,它是站在竞争对手的对立面,借助强势品牌来定位。前提是,虽然消费者心中已经有了比较明显的首选品牌,但是仍然希望新品牌能够为其提供利益。

对立定位法的关键是一定要找好对立的关键点,这个关键点也就是强势品牌的战略性缺点,让竞争对手无法还手,从而从这里出发定位自己的品牌。

(五)切割定位法

如果领导者品牌在品类、消费者或者市场上面没有做到充分细分的话,后面的跟随企业可以盯准这个缝隙,迅速地将细分的单元放大,以此来定位自己的品牌。

四、品牌核心价值的提炼

(一)有鲜明的个性

就像独特的人会给人留下深刻的印象一样,个性越鲜明的品牌核心价值越能吸引人们的眼球，深入人们的内心。例如，可口可乐的"你每饮一杯可口可乐就增加一份热情"、百事可乐的"新一代的选择"、Lee 牛仔裤的"体贴的、贴身的"、沃尔沃的"安全"、奔驰的"做工精细"等品牌核心价值无不个性鲜明，让人印象深刻。

（二）能触动消费者的内心

品牌核心价值只有贴近消费者的内心，才能拨动消费者的心弦，使其喜爱上该品牌。所以，品牌理念与核心价值观的建立一定要符合消费者的内心追求，同时揣摩消费者的心理活动，弄明白消费者需要的是什么，拥有什么样的爱好和观念。

（三）有包容性

品牌核心价值还应具有包容性。包容性体现在空间和时间两个方面。在空间上，品牌的核心价值应包容企业的所有产品，并且为日后企业的跨行业发展留下充分的空间。例如，海尔的"科技领先、人性化与个性化的功能"适用于旗下大多数电器。在时间上，品牌核心价值应能长久延续。例如，海飞丝的"去头屑"功能，自海飞丝品牌诞生以来就从未变过。

以情感和自我表现利益为主要内容的核心价值往往具有很强的包容性。例如，海尔的核心价值是"真诚"，能涵盖所有电器，因为任何电器的购买者都希望产品使用方便、技术先进、服务精良，而这正是一个真诚的品牌所应做的。

五、品牌价值重组

品牌价值的重组可以说是品牌价值的创新。企业可以通过一定的策略，将成本控制在一定范围内，不断地对这个品牌的产品进行改变。用新的产品重新凝聚品牌的新价值，用新的品牌价值去满足消费者更高的利益要求。这种重组是在原有的产品或服务的基础之上，改变品牌的价值属性，拓宽品牌的广度，挖掘品牌的深度，使品牌向更加广阔的领域延伸。企业在进行价值重组的时候要以客户的需求和利益为出发点，在原有产品价值和品牌价值的基础上进行重组，企业可以从以下五个方面入手。

（一）对品牌价值元素进行分类评价

品牌价值包含多种元素，如形象、功能、价格、品质、服务等，对品牌进行笼统的评价只能得出大致的品牌竞争力的大小，而进行品牌价值重组，则需要企业重新界定品牌竞争力的具体来源。

（二）根据客户群需求对品牌价值元素进行排序

客户对于不同行业的不同产品，都有着差异化需求。对某些产品客户会关注其性价比，使用上的安全便利等，而对于另一些产品则可能更关注其知名度。所以企业应当明确自己的关键客户群对品牌的关注点和期待，并以此对品牌价值元素的重要程度进行排序。

（三）对关键价值元素进行深入分析研究

在对品牌价值元素重要程度进行排序后，接下来应对最关键价值元素进行深入的分析研究，特别是要明确关键价值元素的现状与客户群期待之间的差异，以此来确定品牌整体价值调整的方向。

（四）同竞争品牌进行关键价值元素比较

我们很难简单地判定品牌关键价值元素是优是劣，所以需要寻找一个参照物，而竞争品牌就是最好的参照物。通过与表现优异的竞争品牌的关键价值元素进行比较，我们可以找出品牌当前的优势和劣势，从而做出有针对性的调整。

（五）围绕核心价值元素进行品牌价值重组

在完成对品牌价值元素的分类评价、排序、分析研究之后，就要对品牌核心价值元素进行调整或重新定位，然后围绕新的核心价值元素对其他价值元素进行相应的取舍、调整和组合，进而完成整个品牌的价值重组。

六、品牌核心价值的维护

品牌的核心价值是企业愿景和使命的体系，是在长期的产品经营中逐渐完善、调整并最终成型，因此一旦确立就很难改变。尤其是对于那些已经深入人心的品牌，如果没能坚持品牌核心价值，或是对品牌核心价值随意调整，很容易引起消费者的反感，使客户群远离品牌。这就要求企业经营者不仅要树立起品牌核心价值，还要在品牌成功定位后矢志不渝地坚持，将其贯彻到企业经营的方方面面，这样才能使品牌长盛不衰。具体来说，品牌核心价值维护要做好以下三个方面的工作。

（一）始终坚持品牌战略的科学性和时代感

品牌战略是企业战略的一部分，它不是由经营者个人主观臆测和想象建立的，而是企业使命、文化、能力的浓缩。如果企业当前的技术能力不够过硬，还将品牌定位在"用科技引领未来"，那么显然是难乎其难，只会落得贻笑大方的下场。所以，在企业的任何一个发展阶段，品牌战略都要立足于企业的优势，当前的使命，否则不可能赢得消费者的认同。

品牌核心价值需要坚持，但不代表就要一成不变，特别是对于一些长寿企业，随着市场环境的变化、科技的发展进步、行业生产消费模式的颠覆等，都有可能需要企业做出有针对性的品牌战略调整。唯有去适应时代特征，才能使品牌核心价值与时俱进，从而满足消费者的思维模式和消费习惯。

（二）营销活动必须以品牌核心价值为基点

品牌的核心价值是品牌营销活动的出发点。企业要为品牌量身定做每一个营销活动，从产品的价格、渠道、促销上都要体现品牌所要诠释的核心价值。

一个品牌的核心价值具有强大的包容性，它可以包容这个品牌下所有的产品。因此，企业要让每一个产品都能向消费者透露出它想要体现的核心价值。例如，宝马的核心价值是"驾驶的乐趣"，无论它生产出了多少辆宝马，始终围绕"驾驶的乐趣"展开，而不能变成劳斯莱斯的"皇家贵族的坐骑"这一核心价值。

同一品牌的所有产品都要体现品牌的核心价值，这会让消费者更好地认识品牌。如果一个品牌今天是这个核心价值，明天是那个核心价值，则会更容易被大众遗忘。

（三）同消费者深度互动传递品牌核心价值

品牌核心价值是品牌差异化定位的关键所在，是同竞争品牌区分开来的显著特征，因此一个强大的品牌核心价值更容易得到消费者的认同和支持。而消费者的认同和支持，正是支持品牌长存的关键力量。

要达成深入人心的品牌核心价值传递，就不能仅仅局限在表面化的产品和理念宣传上，而是要通过与消费者的深度互动来完成。比如，某食品品牌的核心价值是健康，那么除在宣传产品的安全可靠外，还可以适时推送一些健康的饮食知识、专家营养讲座等，这远比单纯的产品宣传更能为消费者留下深刻的品牌印象，也能因此让品牌获取更大的范围、更深层次的支持，进而保持坚韧的品牌生命力。

对于企业经营者而言，不仅要认识到维护品牌核心价值的重要性，还要了解如何才能有效地维护品牌核心价值，并在企业经营和营销过程中加以体现实现，让整个品牌茁壮成长。

七、数字时代的组织变革

有人把组织比喻成汽车的挡位,油门加得再大,如果不换挡,也很难把速度提起来。在数字时代,组织的这个"挡位"变换表现在如下两个方面。

(一)个体的自我管理和驱动

以前传统组织是正三角金字塔式管理模式,基层员工在最下面,中层逐级往上。而金字塔塔顶是决策中心,虽然大家说要以客户为中心,而实际上在具体的经营中却是以企业自身为中心的。如今,层层上报、层层下达的模式已经完全不能满足客户的需求和解决客户的问题。

互联网之所以对传统行业造成了颠覆性作用是因为互联网不仅是一个口号,更是一种颠覆性的思维和基因,将其运用到企业的战略、产品、运营、文化、激励和组织中,提升了企业经营的效率和扩大了经营边界。这就让大家加强自我管理和驱动,形成强大的力量,共同将企业做大。

未来的组织是倒三角式。公司的各层级都围绕着客户,为客户解决问题和提供价值服务。从本质上解决问题,就要靠自我驱动才能保持持续的高效,而不是靠短期的考核和激励。

(二)个体都对公司整体利益负责

传统组织中,人人只为自己的利益负责,公司的整体利益在哪里,没人管。这也非常好理解,做好自己的事情足够了,因为考核主要内容就是这些;如果做其他的事情,出了问题,反而令自己处于被动的局面。

数字时代的组织是人人为了达成目标而来,每个组织的目标非常清楚,自己为自己的目标负责。

第四节 数字时代的品牌管理

品牌不仅是一个名字或者符号,品牌是跟消费者建立的联系,也是对消费者的一种承诺。数字时代,品牌的作用也越发明显,如现在某手机品牌公司依然是世界上价值最高的企业。电商、微商不是不需要品牌,而是需要快速建立和维护品牌。数字时代品牌的建立、成长、成熟、衰退的周期都在缩短，因此，如何进行品牌管理就显得十分重要。

一、数字时代的品牌架构

传统的品牌架构主要有四种类型：第一种是单一品牌模式，所有产品使用同一个品牌，如福特、通用电气。第二种是主副品牌模式，以主品牌为中心，副品牌为辅助，突出不同产品的特性，满足消费者的不同需求，如海尔、丰田。第三种是母子品牌模式，突出子品牌，母品牌作为品牌背书，典型的如宝洁公司。第四种是复合品牌模式，集团品牌和产品品牌之间采用多重组合形式，如青岛啤酒在同一品类下针对不同目标市场采用了多种组合形式。高端市场用主品牌青岛啤酒，中端市场用第二品牌（山水、崂山、汉斯等），低端市场、区域市场直接用独立的品牌，如五星。但在数字时代，品牌架构发生了很大的变化，基本采用单一品牌，聚焦做爆品和大单品的战略，典型的如小米。

二、数字时代的品牌建立

数字时代的品牌建立，跟过去的品牌建立有着很大的区别，尽管品牌都是消费者或者用户所拥有的，但打造品牌的方式和工具在发生变化。

（一）对品牌资产的认识发生了变化

口碑成为品牌塑造的核心，由口碑到知名度的路径，与之前的品牌传播有本质的不同。也就是说，以前是由外而内的品牌塑造，现在是由内而外的品牌传播，讲究的是口碑，而非一上来就要打造广泛的知名度。

（二）品牌工具发生了变化

以前是"央视+明星代言+招商"的方式，借助央媒的中心化效应，短期实现渠道和终端对产品的接受。表面上看是拉动品牌，实际上还是推动渠道和终端，借此来影响消费者购买。现在基本上是倒过来了，一切针对用户的痛点和为满足客户的需求，并超出客户的期望，制造口碑，借助互联网和移动渠道的接触点，实现零距离沟通和销售的长尾效应。

（三）产品即品牌

由一款极致的满足用户需求和痛点的产品开始，用良好的体验塑造口碑，形成更大的关注，这时，一款产品就是一个品牌，甚至是一家企业。

（四）推广即销售

微商、微店、众筹并不是用来炒作的，而是一个推广兼销售的渠道，为小企业和创业型企业提供了最佳推广和销售路径。

三、数字时代的品牌体验管理

数字时代，品牌是一种综合性的体验，要使线上、线下形成闭环，实现品牌营销目标必然要符合以下三点要求。

（一）完美终端——产品要"有用"

有用就是功能出色，你给我一部手机，它的功能好我才会使用它。

（二）价值群落——产品要"有爱"

罗永浩用反对主流的方式生存，粉丝们用购买来为这种非主流的价值观点赞，他们说："你只负责认真，我们帮你赢！"

（三）云端服务——产品一定要"有趣"

云端是资源的集合，通过终端释放无限的功能，产品就能有趣。

由这三种产品体验，可得到七种商业模式：终端、群落、云端、终端+群落、终端+云端、群落+云端、终端+群落+云端。其中，后四种就是具有互联网思维的商业模式了。

四、数字时代的品牌管理创新

企业品牌管理创新可以从产品创新、技术创新和品牌管理体系创新三个维度切入。

（一）产品创新

企业主要是通过自身产品或服务实现与消费者的连接交互，产品或服务质量直接影响消费者对品牌的整体感受与认知。因此，能否提供符合消费者需求的优质产品和服务，成为企业生存发展的关键一环。在数字时代，企业必须有效收集消费者的各项数据信息，实现目标受众的精准画像，进而通过有针对性的产品创新充分满足消费者的需求。

互联网商业生态的发展成熟，吸引了越来越多的消费者从线下实体消费转到线上电商消费。这种消费形态的变化使企业获取客户的各项消费数据信息成为可能，如商品的浏览信息、搜索信息等。

收集海量消费数据后，企业可以挖掘这些数据背后隐含的目标受众的消费习惯、消费偏好、需求变化等信息，实现对消费者的精准画像，然后据此有针对性地进行整个产品体系的调整优化，同时减少市场反响不好的产品，增加消费者青睐的产品和服务，从而围绕消费者需求实现产品乃至整个品牌的体系创新。

简单来看，以产品创新推动品牌管理创新，就是通过对海量消费数据的分析精准定位消费者需求，然后围绕消费者需求对产品布局进行持续优化，以充分满足消费者不断变化的多元化、个性化的产品诉求，提高消费者的品牌认同感、信任感和忠诚度。

（二）技术创新

除不断优化产品布局外，利用技术创新构建竞争优势也是企业品牌管理创新的有效路径。在数字时代，一方面是技术创新变革的速度不断加快，另一方面是技术的模仿学习门槛不断降低。这使企业除进行自主技术创新外，还可以通过关注、学习其他企业在技术方面的变革实现技术创新，或引进更先进的技术设备等实现自身产品技术体系的优化创新。

技术体系的变革升级会产生大量数据，对这些数据的合理、有效分析有助于提高技术创新的效率，建立更加符合企业产品运营和品牌管理需求的技术体系。这些数据的分析处理同样需要企业变革以往的数据资产管理与分析模式，积极学习并引进数据分析软件工具和管理系统，以满足对复杂、多样、海量的数据信息的分析处理需求。

（三）品牌管理体系创新

在以消费者为中心的互联网商业时代，成功的品牌管理体系应该能够实现品牌与消费者的高效精准对接，让消费者参与品牌形象的塑造和管理过程，通过与消费者共建品牌，从而提升品牌的影响力、号召力与顾客忠诚度。这就要求企业突破传统品牌管理框架的束缚，积极学习并引进更符合企业需求的先进的品牌管理理念与模式，推动品牌管理体系创新。

品牌管理的操作实践是依靠具体的人员完成的，因此企业还要注重对品牌管理相关人员的培训，深化他们对品牌管理的认知、理解，提升他们的品牌管理能力与水平，并将品牌管理合理融入企业生产经营的过程。

同时，企业还要明确消费者的品牌认知与期待，进而围绕企业和消费者需求确定品牌管理目标，制定品牌发展战略与规划。此外，品牌管理还应注重品牌形象与企业形象的协同，通过积极参与各种社会事务在消费者心中树立良好的品牌形象。

在数字时代，瞬息万变的市场环境和日益复杂激烈的竞争环境，对企业的信息获取、整合、分析、处理能力提出了更高要求。面对规模巨大、样式多样、关联性和逻辑性稍差的各类数据信息，企业必须利用信息技术实现对消费者的精准画像，及时、全面地获取市场和竞争的变化情况，进而有针对性地优化调整自身的产品体系和品牌体系，有效完成复杂多变的市场和竞争环境下的品牌管理，增强品牌生命力和竞争力，实现企业的可持续发展。

第五章　数字时代的品牌传播流程与策划

第一节　品牌传播工具

一、内容营销的策略与应用

（一）内容类型与形式的选择

内容营销的第一步是选择合适的内容类型和形式，这直接影响到品牌与目标受众的互动效果。不同类型的内容可以包括文字、视频、音频、图像和互动内容等，每种形式都有其独特的优势和适用场景。文字内容通常适用于深度分析和信息传递，而视频和音频则能够通过视觉和听觉双重刺激来增强信息的吸引力。对品牌而言，选择何种内容形式应考虑受众的偏好、行业特性以及传播渠道的特点。同时，内容形式的多样化有助于品牌在不同平台上的适应性与灵活性。品牌应通过分析数据，了解哪些内容类型更容易引起用户的共鸣，从而制定相应的内容策略，以达到最佳的传播效果。

（二）内容创作与编辑的最佳实践

高质量的内容创作和编辑是内容营销成功的关键。内容创作者需要具备良好的写作能力、敏锐的市场洞察力以及对目标受众需求的深刻理解。在创作过程中，品牌需要明确内容的目标，包括提高品牌知名度、促进产品销售或增强用户黏性等。同时，内容的结构、语言风格和视觉设计也应与品牌形象相符，以确保一致性。此外，编辑过程中的审校和优化同样重要,通过对内容进行多轮审核,确保信息准确、逻辑清晰、语法正确,从而提升内容的专业性和可信度。最佳实践还包括定期更新内容,以保持品牌在受众心中的活跃度和相关性。

(三)用户生成内容的作用

用户生成内容(UGC)是指由用户自行创建和分享的内容,这在现代内容营销中扮演着越来越重要的角色。UGC 不仅可以为品牌提供丰富的内容来源,还能提升用户的参与感和忠诚度。品牌可以通过鼓励用户分享他们的体验、评论和建议,促进社区的建立与互动。这种方式有助于品牌获得真实的用户反馈,从而进一步改善产品和服务。同时,UGC 还可以作为品牌可信度的重要来源,因为潜在客户通常更信任其他消费者的评价而非品牌自身的宣传。在战略层面上,品牌应制定鼓励 UGC 的策略,通过举办活动、设置奖励机制或提供平台支持,激励用户生成更多内容。

(四)内容发布与分发策略

内容的发布与分发策略是确保内容能够有效到达目标受众的关键环节。品牌应根据不同渠道的特点制订相应的发布计划,包括社交媒体、电子邮件、微博及第三方平台等。在社交媒体上,内容的发布时间、频率和互动方式都会影响其传播效果,因此需要进行细致的分析与测试。此外,品牌可以利用数据分析工具监测内容的传播效果,评估不同渠道的表现,并据此调整发布策略。跨平台的内容分发也应考虑到每个平台的受众特性,从而实现信息的最优传播。通过精准的内容投放与合理的渠道选择,品牌能够最大化内容的曝光率和影响力。

二、搜索引擎优化(SEO)与品牌曝光

(一)SEO 的基本原则与策略

搜索引擎优化(SEO)是一种通过改进网站在搜索引擎结果页面(SERP)中的可见性和排名来增加品牌曝光率的有效策略。其基本原则包括相关性、权威性和用户体验。相关性指的是网站内容与用户搜索意图的一致性,确保网站提供的信息能够满足用户的需求。权威性则反映了网站在特定领域内的信任度和声誉,这通常通过高质量的反向链接和社交分享来建立。此外,用户体验在 SEO 中的重要性日益凸显,良好的网站结构、快速的加载时间和移动友好性都能显著提高用户的满意度,从而降低跳出率,增加停留时间。

这些因素共同作用，促进搜索引擎对网站的信任和推荐。

为了有效实施 SEO 策略，品牌需要制订一套系统化的优化计划，包括内容优化、技术优化和外部链接建设。内容优化涉及关键词的合理使用、内容的原创性和深度，以及定期更新以保持内容的活跃性。技术优化则关注网站的技术细节，如页面速度、移动适配、SSL 证书和网站地图等，确保搜索引擎可以顺利抓取和索引网站。外部链接建设是提高网站权威性的重要手段，品牌应努力获取来自高质量网站的反向链接，通过合作、发布高质量内容和社交媒体营销等方式来实现。此外，定期监测和分析 SEO 效果，利用数据分析工具评估关键词排名、流量来源和用户行为，有助于持续优化和调整 SEO 策略。

（二）关键词研究与应用

关键词研究是 SEO 的核心环节之一，通过识别与品牌、产品或服务相关的搜索词，品牌可以更好地理解目标受众的搜索习惯和需求。有效的关键词研究不仅帮助品牌选择合适的关键词进行优化，还能为内容创作提供灵感。研究关键词时，品牌应关注搜索量、竞争程度和用户意图。高搜索量的关键词通常能够带来更多流量，但竞争激烈，优化难度大；而低竞争的关键词可能更易于排名，但流量较少。因此，品牌需要寻找平衡点，选择既能吸引流量又具备一定竞争优势的关键词进行优化。

在关键词应用方面，品牌需将目标关键词自然地融入网页的标题、meta 描述、内容正文和 URL 中。这种优化不仅有助于搜索引擎理解网页内容，还能提高用户点击率。值得注意的是，关键词的使用应遵循"自然"原则，避免关键词堆砌，以免影响用户体验和搜索引擎的评价。此外，长尾关键词的价值日益显现，这类关键词通常更具体，搜索意图明确，竞争较小，能有效提高转化率。因此，品牌应将长尾关键词纳入内容策略中，通过提供深度的专业内容来满足用户的特定需求。

在实施关键词优化的过程中，品牌还应定期评估关键词的表现，借助数据分析工具追踪关键词排名、流量来源及转化效果。这种反馈机制有助于品牌及时调整关键词策略，优化网站内容，以保持良好的搜索引擎排名和用户体验。

（三）网站结构与用户体验优化

网站结构的合理性直接影响用户体验和搜索引擎的抓取效率。一个清晰的、逻辑性强的网站结构能够引导用户轻松找到所需信息，同时帮助搜索引擎更好地理解网站内容。网站结构应遵循层级分明、分类合理的原则，确保重要页面易于访问且位于显著位置。此外，使用简洁的 URL 结构、有效的内链策略以及清晰的导航菜单，都有助于提升用户体验，降低跳出率。

用户体验（UX）在 SEO 中的重要性不断上升，优化用户体验是提高网站排名的关键。网站的加载速度是用户体验的核心要素之一，页面加载过慢会导致用户流失。因此，品牌需要通过优化图片、压缩文件、减少 HTTP 请求等技术手段来提升网站速度。此外，移动设备的使用日益普及，确保网站在各种设备上表现良好是提升用户满意度的重要措施。响应式设计和移动友好性不仅能够改善用户体验，也有助于搜索引擎的排名。

在内容呈现方面，品牌应注重信息的可读性和视觉效果。清晰的排版、适当的段落长度、合理的标题和小节划分，能够提高内容的可读性，从而吸引用户阅读。此外，丰富的媒体元素如图片、视频和图表也能增强用户体验，使内容更具吸引力和互动性。定期收集用户反馈，通过数据分析工具监测用户行为，能够帮助品牌识别用户在访问过程中的痛点，从而不断优化网站结构和内容。

三、移动应用与品牌传播

（一）移动应用的品牌建设价值

移动应用在品牌建设中具有重要价值，它不仅是品牌与用户沟通的渠道，还能增强用户的品牌忠诚度。

1. 移动应用为品牌提供了一个直接的接触点，使品牌能够与用户建立更为紧密的关系

通过移动应用，品牌可以提供个性化的内容和服务，满足用户的需求，从而提升用户的满意度和黏性。此外，应用的可访问性使得用户可以随时随地与品牌互动，这种便利性能够有效增强品牌的认知度和影响力。

2. 移动应用能够收集和分析用户数据，帮助品牌深入了解目标受众的行为和偏好

这些数据不仅可以用来优化用户体验，还能为品牌制定精准的营销策略提供支持。例如，通过分析用户的使用习惯，品牌可以推送相关的产品推荐或促销信息，提高转化率。同时，应用内的反馈机制也让品牌能够实时了解用户的意见和建议，从而及时调整产品和服务以满足市场需求。

3. 移动应用还能够通过社交媒体功能增强品牌传播

用户在使用移动应用的过程中，往往会分享他们的体验，这种口碑传播具有很高的可信度和影响力，能够有效提升品牌的知名度。通过设计社交分享功能，品牌可以激励用户分享内容，从而扩大品牌的影响范围。在竞争日益激烈的市场环境中，移动应用的品牌建设价值日益凸显，成为品牌战略的重要组成部分。

（二）移动营销策略与工具

1. 品牌需要制定清晰的移动营销目标

这些目标可以包括提升品牌知名度、增加用户下载量、提高用户参与度等。根据不同的目标，品牌可以选择合适的移动营销工具和策略。常见的移动营销工具包括社交媒体广告、推送通知、短信营销以及移动应用内广告等。社交媒体广告能够精准定位目标用户，通过视觉吸引力增强品牌曝光；推送通知则是一种直接有效的用户沟通方式，可以及时传递品牌信息。

2. 内容在移动营销中扮演着至关重要的角色

品牌应注重创造简洁明了、富有吸引力的内容，以适应用户在移动设备上快速浏览的习惯。移动内容的形式多种多样，包括短视频、图文消息和互动问答等，品牌可以根据目标受众的偏好选择合适的内容形式。此外，品牌还可以利用用户生成内容（UGC），激励用户分享他们的体验，从而增强品牌的可信度和吸引力。

3. 移动营销的效果监测同样不可忽视

品牌应通过数据分析工具定期评估营销活动的效果，包括用户的参与度、转化率和用户留存率等关键指标。这些数据能够帮助品牌识别营销活动的成功因素和不足之处，从而优化后续的营销策略。随着移动设备的普及和技术的发展，移动营销策略也在不断演变，品牌需要时刻保持敏感性，适应市场变化，以实现持续的品牌传播效果。

（三）用户体验与互动设计

用户体验在移动应用的成功中起着至关重要的作用，良好的用户体验不仅能吸引新用户，还能留住老用户。

应用的界面设计应简洁、直观，确保用户能够轻松找到所需功能。用户在使用移动应用时，往往希望以最短的时间完成目标，因此应用的导航设计必须清晰，操作步骤应尽量简化。此外，色彩、字体和图标的选择也应符合品牌形象，以此增强用户的视觉体验。

品牌应注重设计符合用户习惯的交互方式，确保每一次触摸和滑动都能带来流畅的反馈。这种反馈不仅可以提升用户的满意度，还能增强用户对品牌的信任。通过合理的动画效果和提示，品牌可以引导用户完成特定操作，提升用户的互动性。品牌可以通过用户数据分析，提供定制化的内容和推荐，提升用户的参与感。例如，根据用户的历史行为和偏好，应用可以推送个性化的产品推荐或内容更新。这种个性化体验不仅能提升用户的满意度，还能提高用户的回访率，进而提高品牌忠诚度。

品牌还应重视用户反馈机制，鼓励用户分享他们的体验和意见。这些反馈不仅能为品牌提供改进的依据，还能提升用户的参与感和归属感。通过及时回应用户的意见和建议，品牌能够建立良好的用户关系，提升品牌的整体形象。总之，优秀的用户体验与互动设计是品牌在移动应用中取得成功的关键因素。

第二节　品牌传播流程

一、成立跨职能策划小组

一般情况下，企业根据工作专门化的原则，按照研发部、生产部、市场部、财务部、人事部等职能部门来设置组织机构。品牌策划和传播的系列工作是由以市场部为主的部门来实施和推动的。即便是与营销相关的职能或活动，诸如负责广告、促销和事件营销的人员也都是相对独立的，这导致企业的品牌传播活动碎片化，难以在公众心目中建立一个整体的有效形象。

为了克服品牌传播碎片化的不足，成立一个由企业高层统筹的跨职能策划小组就非常有必要。来自研发、生产、市场、财务、人事等部门的工作人员为了改善消费者体验、构建卓越的品牌，出谋划策，制定一个整体的品牌策划方案。

品牌策划，是企业在一定时期内为了推广和塑造品牌形象而制定的决策和计划，最终是为了实现品牌的长远发展。简单来说，品牌策划和品牌战略是战术与战略的关系。品牌策略是针对短期内面临的问题的策略和方法，其本身缺乏系统性，是品牌战略执行过程中的主要策略库。品牌策划的功能，还体现在为短期的市场扩张行动提供科学的建议和方法，为企业短期市场目标的实现提供支持。

二、开展品牌形象调研

品牌形象建设是一项长期的系统工程。在品牌孕育初期，就应"为之计深远"，一种行之有效的方法就是做好充分的市场调研。基于企业提供的产品或服务的品质与品牌之间的紧密联系，品牌形象调研的范围应当涵盖消费者对企业产品或服务的认知以及与品牌形象相关的信息。在调研阶段，可以采取委托专业调研公司和企业内部调研相结合的方式。对调研的总体要求是：既要能比较全面地反映企业产品或服务在市场上的评价，又能突出品牌形象的相关信息。

在调研过程中，企业应站在受众的立场上，从消费者的角度出发思考改进自身的工作。从品牌创立、形象设计到材料使用以及成本控制等，以最佳的方式完成调研。通过全面深入的调研，企业能够为后续的品牌形象定位、品牌形象表现和品牌整合传播打下坚实的基础。

三、确立品牌形象定位

企业对调研获得的信息进行分析，找出尚未被满足的市场细分领域，进而确立自身的品牌形象定位。品牌形象定位追求差异化，提高辨识度，确立品牌在目标人群中的不可替代的地位和形象。例如，我国的科技时尚内衣品牌BerryMelon，它基于用户及内衣行业对"合身"的关注，提出"按胸型买内衣"的理念，将内衣版型与胸部形态相匹配，这应当成为BerryMelon后续制作品牌传播信息的核心传播点。

应当注意的是，品牌形象定位的特点不宜过多。传播点过多，反而容易失去特色，也容易造成公众认知层面的混乱。巴黎是世界闻名的"浪漫之都"，新加坡是世界公认的"花园城市"，我国的成都被誉为"巴适之都"（"巴适"在四川一带的方言中有很好、舒服、合适之意）。这些世人眼中的城市品牌，经历了岁月和时间的打磨，成就了自身独特的城市气质和文化影响力。

四、提升品牌形象表现力

差异化的品牌形象定位，必须通过有效的传播和沟通手段，为消费者所感知，才能建立差异化的竞争优势。品牌形象建设重要的不是品牌主所宣称的，而是消费者真真切切感受到的。从人类五感的角度出发，提升品牌形象表现力是一种有效的方式。

人类的信息感知能力是由五官的共同配合来发挥作用的，其中视觉是人类最为重要的感觉，视觉在人类对外界环境的感知和信息获取上扮演着重要角色。在传统媒体主导的时代，品牌视觉形象识别理论已经发展得较为成熟。

数字时代的品牌形象识别有了更多的内涵和意蕴。品牌视觉识别的内容包括：基础元素（如标准字或标志、标准色和企业吉祥物），实体元素（如产品包装、店面展示、员工着装等），网络空间的品牌形象展示（如网店形象设计等）。在精心设计品牌基础元素的基础上，保持线上线下品牌形象的一贯性至关重要，让消费者无论通过哪种渠道接触到品牌，都能形成一个稳定、一致的印象。

此外，听觉、嗅觉、味觉与触觉等感官在品牌形象塑造中的作用也要引起重视。善用各种感官，考虑每一个可能的接触点，影像、声音、触感、质感必须成为整个品牌的元素。从五感设计的观点出发，探讨有高度沟通力的品牌形象构面，寻找品牌本身的定位与价值，再往下延伸至所有的品牌形象构面，使得品牌形象可以永续发展与成长。具体而言，从产品、服务到推广在内的方方面面，无论是品牌标准字或标志以及吉祥物的应用，还是现实空间或虚拟空间里涉及品牌形象表现的地方，都要保持连续性和稳定性。随着品牌形象的传播和推广，品牌形象深刻地印入消费者的脑海中，区别于其他同类品牌。例如，靠售卖气味和情怀取胜的香水品牌"气味图书馆"，就将人类对气味的追寻和记忆运用到了极致。

五、开展品牌整合传播

在确立了品牌形象的定位，完成了基于人类五感的品牌形象体系设计后，开展品牌整合传播就被提上了日程。品牌整合传播将"整合"作为一种思考方式，需要对品牌传播的内容和品牌传播媒介进行优化组合，以达到提高传播效率和效果的目的。

（一）通过整合使品牌传播的信息内容体系化

在精准把握目标受众人群诉求的前提下，通过生产原创性的内容，激发消费者的情感共鸣，强化互动，与消费者共同创建品牌的信息内容。

（二）通过整合使品牌传播媒介运用实现最优化

报刊、广播、电视、网络、VR/AR、户外媒体，以及文字、图片、音频、视频等，附着在新旧媒体上的各种信息相互融合，优势互补，形成联动的信息传播机制。

第三节　品牌形象策划

品牌形象策划建立在品牌形象调研和定位工作的基础上，通过全面而有针对性的调研和差异化的形象定位，要求策划者付出高智性的创意劳动，同时结合公司经营理念和品牌文化，推出富有美感和个性的设计。精心有效的品牌形象策划，能够为后续的品牌形象传播打下良好的基础。

品牌形象是指消费者对品牌的感知和偏好，由消费者记忆中品牌联想的不同类型来衡量。尽管品牌联想具有多种形式，但总体上可以分为与性能相关（或与产品相关）及与形象相关（或与非产品相关）的利益和属性两大方面。一种针对利益的、有用的区分方式是将其分为功能性的（产品内在优势）、象征性的（产品外在优势）和体验性的（产品的消费优势）利益。这些属性和利益关系有的较为理性而易于认知，有的则更为情绪化。因而，品牌形象策划将企业无形的文化和有形的产品连接起来，以企业的经营理念、愿景使命、社会责任为指针，认真打磨品牌的构成元素，为品牌对内、对外的形象展示建立统一的规范和标准。品牌的构成元素请阅读本书第一章相关内容。

一、品牌形象策划的内容

企业识别系统（corporate identity system，CIS）是企业等组织通过统一的视觉识别设计，将组织的存在宗旨、精神文化和行为规范等信息传播给内部员工和社会公众，期待获得公众认可的一种战略性活动和形象管理方法。CIS 原理是广大企业管理组织形象和产品形象的有效工具，在帮助企业打开产品市场，赢得市场竞争有利位置方面成效卓著。CIS 由下列三个子系统构成。

（一）理念识别系统

理念识别系统（mind identity，MI），是指企业确立的经营宗旨、价值观和企业文化等深层次的企业经营哲学和思想价值观体系，代表着企业的头脑和心脏。在实践中，它包括企业精神、价值观、经营理念、管理之道、人才理念、环保理念、企业的形象定位、品牌理念、品牌宣传口号等。

（二）行为识别系统

行为识别系统（behavior identity，BI），是指在核心经营理念指导下的企业的日常管理制度、对外交往活动以及全体员工的一言一行，展示了企业的管理质量和员工整体素质，代表着企业的肢体。具体内容有：员工行为规范、服务准则、市场表现、员工关系、公众关系等对内、对外行为模式。

（三）视觉识别系统

视觉识别系统（visual identity，VI），是指企业为组织及其产品所命名的独特名称、设计的独特标志、色彩搭配等的组合运用，是企业理念呈现的重要媒介。企业在将其视觉要素标准化、规范化处理之后，可以借助企业办公建筑、员工着装、企业产品及其在大众媒介上的广告宣传等载体进行视觉化呈现与表达，使其犹如企业的面部，目的是给社会各界留下统一的、鲜明的企业形象。

二、数字时代品牌形象策划的策略

品牌形象策划是一项高智性的创意劳动，成功的品牌各有独到之处。深受人们喜爱的品牌经历了岁月的打磨和时间的淬炼，是品牌主和消费者合力创造的结果。一般情况下，品牌形象策划的策略有以下四个方面。

（一）深挖品牌的独特性

品牌形象策划之初，就要结合品牌形象的调研和定位，深度挖掘企业制度与文化的独特之处，为品牌找到最具代表性的识别元素。从企业创始人的理念、风格及独特个性，以及所从事产业和行业的特性，找到差异点，先确定品牌名称、标识、品牌口号等关键性的信息，再从域名、形象代表、广告曲、包装等方面加以完善。

（二）注重与消费者的情感沟通

随着技术的发展，企业提供的产品和服务趋于同质化，在产品性能上的区别逐渐缩小，品牌形象策划从功能诉求转向情感诉求，引起消费者心理层面的认同，激发消费者的情感共鸣。例如，琉园一直都很注重提升琉璃制品的工艺造诣：2018年，以大匠轮抛的极光工艺解放琉璃透光的特性；2019年，更是推出全球首创的四层次无缝景深、一体成型的作品。在聘请了张庭庭的品牌沟通团队之后，提出"工艺的本质不是造物，而是以物传情；工艺的价值不在技法，而在抚慰人心"。琉园的品牌精神标语为"精艺求晶，剔透世情"，该标语既是琉园品牌价值的自我表彰，也是与顾客、藏家共勉的生命追求、人情观照及处世态度。

（三）汲取优秀的民族文化营养

从事品牌形象策划的机构和人员，可以从优秀的民族文化中汲取营养，在对传统民族文化深刻理解的基础上，提炼、改造并加以运用，保留传统文化中的底蕴和质感，赋予时代特色，为塑造差异化的品牌形象独辟蹊径，彰显品牌特色和价值。当今社会，随着消费者眼界的开阔和经济的全球化，我国企业更加需要从优秀的民族文化中汲取营养，沉淀品牌的文化内涵，领悟新时代的精神，赋予品牌形象旺盛的生命力，做个长盛不衰的经典品牌。

（四）不断探索策划新形式

数字时代，社交媒体在人们的生活中广泛渗透，各种虚拟现实技术被推广，机器人在一些场合被使用，等等。媒介技术的革新，改变了消费者与品牌互动的方式，对品牌形象策划也提出了新要求。例如，可口可乐对 VR 技术在广告中的创新性运用。2015 年圣诞节，可口可乐在童话王国波兰开启了一场别致的虚拟雪橇之旅，利用 VR 技术将圣诞老人重现，让人们沉浸在虚拟的冰天雪地中。在这场别致的雪橇之旅中，有成百上千个家庭参与进来，为可口可乐公司赚足了眼球。这种沉浸式体验不仅提高了受众的参与度，更使广告产品深入人心。VR 技术通过模拟产生三维的虚拟世界，能够为使用者提供视觉、听觉、触觉等多重感官的体验，让使用者产生一种沉浸式的体验，从而加深对广告的记忆。

第四节　品牌代言人传播

从品牌元素的构成来看，品牌代言人是品牌形象代表的一种重要形式，也是品牌与消费者之间沟通的一座桥梁。企业聘请品牌代言人是全世界公认的一种品牌传播策略。在营销实践中，企业通过支付高额的代言费邀请高热度和高人气的名人来推广品牌和产品，将公众对明星的喜爱和关注投射到所代言的品牌上，建立消费者强烈的品牌认知，从而达到提升品牌影响力和积累品牌资产的目标。

一、品牌代言人作用机制的原理

（一）两级传播模式

传播学有限效果理论的代表人物保罗·F.拉扎斯菲尔德（Paul F. Lazarsfeld）等人在实验和研究的基础上，提出了两级传播模式。该模式不同于早期的"魔弹说"或"注射说"：前者认为大众传播具有强大的威力，能够产生子弹打靶那样的效果；后者认为受众是被动地接收信息的靶子或者是针剂注射的对象，大众媒介的信息能够对传播对象发挥强大的作用。两级传播模式指出，在大众媒介和为数众多的受众之间，存在着一个关键角色——

意见领袖。他们广泛活跃在人际传播网络中，经常为他人提供信息、观点或建议，并对他人施加个人影响。

（二）品牌代言人

品牌代言人，包括明星、偶像、网红等，他们是消费时代的意见领袖，因为他们时常在各种综艺节目、影视剧中露面，能够成为各种媒体的热议话题，积累了一定量的粉丝基础，具有超强的带货能力。创造了一波又一波热度的偶像养成类节目，如《中国有嘻哈》《偶像练习生》《创造101》，成就了一批有个性、有梦想的年轻人，以"95后""00后"为代表的年轻消费群体正是在这样一个追梦和造星的流行文化下长大的。各大品牌为了触达年轻消费者，与他们展开对话，培养具有消费潜力的忠诚客户，纷纷选择新兴的流量艺人作为代言人。

二、品牌代言人传播的利弊分析

品牌代言人传播对品牌形象的塑造是一把双刃剑，当品牌与代言人之间匹配度较高，双方合作良好，就能给代言的品牌带来诸多益处，反之则会带来一些弊端。

（一）品牌代言人传播的益处

1. 提升品牌知名度

品牌代言人通常在某个领域已经积累了一定的声望，利用自身的光环效应，为品牌带来大量曝光，吸引自身粉丝的追捧，从而辐射和带动更多的人关注其所代言的品牌，提升品牌知名度，从而使品牌从众多同质化的产品中脱颖而出。

2. 提升品牌的经济效益

签约品牌代言人要支付一笔不菲的费用，历史上不乏企业由于过高的品牌代言费用被拖垮的案例。企业愿意支付这笔费用，是因为在很多情况下，品牌代言人传播的方式通过利用代言人的声名和人格魅力，在为企业带来知名度的同时，还能为品牌做优质背书，直接增加产品销量，提高市场份额，为品牌带来显著的经济效益。

3. 增强消费者的品牌认知

现如今，品牌与明星的关系是一种共生的伙伴关系。企业早已将品牌代言人的社会声望以及美誉度纳入了考虑范围。品牌代言人美誉度相对较高，消费者更容易对其代言的品牌产生美好的品牌联想，加深对品牌的好感，增强消费者的品牌认知。反之，如果品牌代言人陷入负面舆论，也会殃及所代言的品牌和产品。

（二）品牌代言人传播的弊端

1. 选择了不合适的品牌代言人，影响消费者对品牌的认知

有些企业选择品牌代言人，过于看重名人效应，希望借助名人的名气提升品牌知名度，而对品牌形象、产品服务以及代言人的专业领域和个人特质缺乏深入研究，选择了不合适的品牌代言人，不能让人信服，代言效果不太理想。

2. 品牌代言人的负面舆论，会使品牌形象受影响

品牌代言人作为社会公众人物，其一举一动都容易受到过分关注和解读，不允许出现任何有损私德的行为。如果品牌代言人有触犯法律或违背公德的不当言行，也会连累所代言品牌的形象，这样的例子不胜枚举。

3. 一人代言多个品牌或同一品牌使用多个代言人，会影响消费者的品牌认知

当红明星由于人气高，往往会接下多个品牌的代言，这本来对明星和品牌方来说是件双赢的好事，但若运作不当，就会降低明星对代言品牌的传播效果，使消费者在认知层面产生混乱。再来说说同一品牌使用多个代言人的情形。出于种种原因，品牌方会在不同时期更换品牌代言人，以保持品牌的生命力。有时在母品牌之下，也会为子品牌启用不同的形象代言人。无论是一人代言多个品牌还是同一品牌使用多个代言人，一定要保持品牌传播基调的前后一致性，否则会破坏品牌形象的统一性和整体性。

三、如何选对品牌代言人

为了使品牌代言人更有效地助力品牌传播，企业应根据自己的发展计划、短期目标和经费预算来考虑选择什么样的代言人，不必一味追求费用最高、名气最大、声量最强的，适合的就是最好的。

（一）选择与品牌契合度较高的代言人

在当今这个竞争激烈的市场环境中，企业要想在众多品牌中脱颖而出，吸引并留住消费者的目光，就必须精心策划和执行一系列的品牌营销策略。其中，选择一位与品牌高度契合的代言人，无疑是提升品牌形象、增强品牌认同感的重要一环。企业需要从多个方

面综合考量代言人的形象、实力、声望和代言费等因素，并充分利用其影响力来推动品牌的发展。只有这样，才能让消费者对品牌产生深刻的认同感和归属感，从而在激烈的市场竞争中立于不败之地。

（二）认真考量品牌代言人的美誉度

品牌代言人的美誉度是关乎品牌安全的重要问题，一旦品牌代言人被曝私德有损，或者违反法规，就会对品牌形象产生"爆雷"的效果，给品牌带来毁灭性的打击。品牌方能够做的是通过事前研判、分析来预防，必要时在合约中增加相关的道德和法律条款，最大限度地降低品牌代言人负面事件有可能对品牌带来的风险。

（三）关注品牌代言人代言的品牌数量和质量

品牌代言人如果同时代言的品牌数量过多，甚至有来自同一行业竞争对手的产品，这种情况就会干扰消费者对品牌信息的接受，应予以避免。同时要关注品牌代言人代言品牌的质量，是一线品牌抑或二线品牌，还是刚上市的新品牌。因为人们很容易在代言人和被代言的品牌之间建立联系并产生联想，代言人的个人特质和修养也在传达品牌的个性和内涵。

四、数字时代品牌代言新动向

（一）技术进步对品牌代言人传播的影响

1. 人工智能和数据分析技术的应用使品牌能够更精准地选择代言人

通过分析社交媒体数据和消费者行为，品牌可以识别出与其价值观和目标受众相匹配的代言人，从而提升传播效果。此外，AI技术还可以帮助品牌生成个性化的内容，提升用户体验感。这种个性化的传播方式不仅增强了品牌与消费者之间的互动，还能够提高品牌的信息传递效率。

2. 虚拟现实（VR）和增强现实（AR）技术的发展为品牌代言人的传播提供了新的平台和形式

品牌可以通过AR/VR技术创造沉浸式的体验，使消费者与代言人之间的互动更加生动和真实。这种新型的传播方式有助于吸引更多年轻消费者的关注，提升品牌的吸引力。随着这些技术的普及，品牌代言人将不仅是一个形象代表，而是可以通过互动体验让消费者更深入地理解品牌的价值和理念。

3. 区块链技术的应用也可能改变品牌代言人传播的游戏规则

区块链能够确保代言人宣传活动的透明性和公正性，这在一定程度上可以增强消费者对品牌的信任。品牌可以通过区块链记录代言人的每一次宣传活动，确保信息的真实性和准确性，从而在消费者心中建立良好的信誉。

（二）新兴媒体环境下的代言人角色转变

在新兴媒体环境下，品牌代言人的角色正在经历显著的转变。传统的代言人往往是公众人物，他们通过广告、电视节目等传统媒体传播品牌信息。然而，在数字时代，尤其是社交媒体的兴起，普通用户也能够成为品牌代言人。这一变化使得品牌传播的方式变得更加多元化，品牌代言人不仅仅局限于明星和名人，普通用户的声音和影响力同样不可忽视。

这种转变使品牌需要更加关注用户生成内容（UGC）的力量。UGC不仅能够增强品牌的可信度，还能促进品牌与消费者之间的情感连接。在新兴媒体环境中，品牌代言人可以是品牌的忠实消费者，他们通过分享自己的使用体验和反馈来帮助品牌传播。这种草根营销策略可以通过用户的真实感受吸引更多潜在客户，从而提升品牌的影响力。

同时，新兴媒体也要求品牌代言人具备更高的互动能力和沟通技巧。在社交媒体平台上，代言人需要与粉丝进行直接交流，回答问题和回应评论，这使代言人的角色更加多元化。品牌需要确保代言人在公众面前展现出真诚和亲和力，从而建立良好的品牌形象和用户关系。这种互动性不仅提高了品牌的曝光率，还增强了消费者的参与感，使他们更愿意与品牌建立长期关系。

（三）代言人与品牌传播的整合趋势

未来，代言人与品牌传播之间的整合趋势将愈加明显。品牌不再单纯依赖于代言人进行单一的广告宣传，而是通过代言人构建完整的品牌故事，形成系统化的传播策略。这一趋势要求品牌在选择代言人时，不仅要考虑其知名度和影响力，还要评估其与品牌核心价值的契合度。代言人应成为品牌形象的延伸，通过其个性化的表达与品牌理念形成共鸣，从而提升品牌的整体传播效果。

整合传播的另一个重要方面是跨平台的传播策略。随着社交媒体、电子商务和传统媒体的融合，品牌需要在不同渠道上进行统一的代言人传播。代言人不仅要在社交媒体上进行宣传，还应参与品牌的线下活动、直播营销和内容创作等多种形式的传播。这种跨平台的整合能够扩大品牌的影响范围,同时增加消费者与品牌的接触频率。

(四)社会责任与品牌代言人的新要求

随着消费者对品牌社会责任的关注度不断提升,品牌代言人在传播过程中承载的社会责任也越发重要。未来,品牌代言人不仅要具备市场推广能力,还需在社会责任和伦理方面树立良好形象。品牌应选择那些在公众生活中积极参与社会公益、环保等活动的代言人,这样不仅能增强品牌的社会责任感,也能提高消费者的品牌认同感。

在数字时代,社交媒体使得代言人的言行受到更广泛的关注,任何不当言论都可能引发公众的反感和品牌危机。因此,品牌在选择代言人时,应充分考虑其个人价值观和社会影响力,确保其与品牌形象相符。同时,品牌也需要为代言人提供必要的支持和培训,使其能够在公共平台上恰当地表达对社会议题的看法。

未来,品牌代言人将不仅是产品的推销者,而是品牌文化和价值观的传播者。他们需要具备良好的社会责任感,积极参与社会公共事务,通过自己的影响力传递品牌正能量。这种责任感不仅能够提升品牌的声誉,还能与消费者建立更深层次的情感连接,从而实现品牌的长期发展。

第五节　品牌口碑传播

一、口碑传播的定义

在品牌营销领域,口碑的传播者和传播的信息有其特定内容,正如伊曼纽尔·罗森(Emanuel Rosen)在《口碑营销》中所说,"口碑是关于品牌的所有评述,是关于某个特定产品、服务或企业的所有人日常交流的总和",它是在企业自身、竞争对手、媒体、渠道成员、意见领袖和消费者等各群体内部及群体之间形成的、关于品牌信息的、非正式的人际传播。根据密歇根大学尤金·W.安德森(Eugene W. Anderson)的定义,口碑传播是指个体之间关于产品和服务看法的非正式传播,包括正面的观点和负面的观点,但不同于向企业提出正式的抱怨或赞赏。口碑传播是由生产者以外的个人,通过明示或暗示的方式,不经过第三方处理加工,传递关于某一特定或某一种类的产品、品牌、服务、厂商、销售者,以及能够使人联想到上述对象的任何信息,从而导致受众获得信息传播的内容,主要包括:企业、产品及品牌活动的相关信息,消费者对品牌的体验和评价,媒体对品牌的宣传报道等。在传播途径上包括直接或间接的口头传播，以及基于互联网和其他通信工具的人际交流。

一般来说，品牌口碑的形成方式有两种：一是纯粹依靠人们的自然传播；二是借助大众媒体进行传播。在此，将口碑作为品牌传播的工具，一方面需要加强品牌自身对消费者的影响力；另一方面则需要积极地介入传播过程，制造有益于品牌的口碑。

二、口碑传播的作用

现在的媒体资源往往太过于昂贵，而且由于信息渠道的多元化和可选择的空间增大，无论是电视、报纸、广播，还是杂志、路牌，对消费者的影响力都大大降低，品牌资讯传递收效不足。由零点公司进行的一项有关口碑传播的专项调查显示：39.5%的受访者经常会和别人交流关于"购买及使用商品的经验"，这些消费者不仅会相互"介绍购物场所"（48.7%），"介绍购买和选择商品的经验"（37.6%），"推荐品牌"（37.4%），"交流价格信息"（34.8%），"推荐打折促销活动"（31.8%），"介绍产品性能"（29.6%），"推荐具体的产品"（18.0%），也会传播"产品使用中失败的经验或不好的感受"（25.7%）。可以看到，品牌相关资讯及体验是消费者相互交流的重要内容。

相对于传统媒体的传播渠道，口碑传播是既节省成本又富有生命力的一种传播工具，往往能够对品牌传播产生独特的作用。

（一）口碑传播具有可信性

广告和销售人员宣传产品一般都是站在企业的角度，为企业的利益服务，所以人们往往对其真实性表示怀疑。然而，口碑传播者是和自己一样的消费者，与企业没有任何关系，独立于企业之外，推荐产品也不会获得物质收益。因此，从消费者的角度看，相比于广告宣传，口碑传播者传递的信息被认为是客观、独立的。

（二）口碑传播具有针对性

由于口碑传播是消费者之间一对一的信息交流，传播者对信息接受者的爱好和需求都很了解，因此可以随时调整信息内容，满足对方需求，增强说服力，提高传播效率。

（三）口碑传播具有抗风险性

在交易过程中，消费者和企业之间存在着信息不对称的问题，消费者往往处于信息劣势的不利境地,对产品的真实性能并不了解,需要承担一定的购买风险。消费者有两种方法可以减少购买风险:一种是购买少量产品先试用一段时间,这种方法要付出一定的成本,而且相当多的产品都无法少量购买,如家用电器、手机等;另一种是向购买过类似产品的人寻求意见,这些人已经试用过产品,对产品的性能、价值有着最直接和最真实的体验,他们对产品的评价将预示着其他消费者试用产品后的感受,因此会对消费者的购买决策产生重要影响。

(四)口碑传播能够发掘潜在顾客

专家观察发现,人们出于各种各样的原因,热衷于把自己的经历或体验转告别人。例如,新买的家用电器有哪些新的使用功能,新车的燃油情况,新购房屋的居住情况,物业管理情况等。如果消费者的经历或体验是积极的、正面的,那么他们就会热情主动地向别人推荐,从而帮助企业发掘出潜在的消费群体。美国的一项调查表明:一个满意顾客会引发8笔潜在的交易,其中至少有1笔交易可以成交;一个不满意顾客可以影响25人的购买意愿。由此可见,"用户告诉用户"的口碑影响力十分强大。以空调为例,在购买过程中,消费者会较多地关注使用效果、售后服务、价格、品牌和用电量等因素。潜在顾客中对于价格的忠实和对品牌的相对忽视,主要来自第一次购买群体的使用体验,第一次购买群体的口碑传播是最值得潜在顾客信赖的传播形式和潜在顾客是否执行购买决策的依据。

(五)积极的口碑传播有利于缔结品牌忠诚

有效的信息传播能够改变消费者头脑中对某一品牌已形成的认知和情感,进而形成新的认知和情感,由此影响人们的购买行为。通过口碑传播的正面品牌信息,将强化消费者已有的正面品牌态度,或是弱化其负面品牌态度,说服其重复购买,形成品牌忠诚。然而,一旦消费者接收到负面品牌信息,则很有可能会破坏原先良好的品牌体验,导致品牌转换。有关传播对消费者态度和行为影响的研究证实:口碑传播的影响力比媒介广告的影响力高7倍,比人员推销的影响力高4倍。消费者转换品牌更多是受口碑传播的影响,而非广告的影响,前者的影响力是后者的4倍。在促使消费者的态度由否定、中立到肯定的转变过程中,口碑传播所起的作用远远大于广告。

(六)口碑传播能够使企业有效地避开对手的锋芒

随着市场竞争的加剧,价格战、形象战、技术战、质量战不断升级,竞争者之间往往会形成正面冲突，口碑传播可以有效地避开这些面对面的较量。富士公司就是这种运用渗透式人际传播的高手。在胶片相机时代，曾流传一种说法，"室内摄影用柯达，室外摄影用富士"。这句看似平淡的"说法"，不仅使富士胶卷在较大的"室外"市场站稳脚跟，而且对人们的消费习惯有着深刻而持久的影响，甚至会影响几代人，极易引导消费者形成潜在的消费定式。

（七）口碑传播能够有效地节约费用

与传统品牌传播方式相比，企业利用各种群体之间的口碑展开品牌传播要廉价得多。尤其是在当今传统媒体费用上涨但效果弱化的情况下，口碑传播的成本优势体现得更为明显。据统计，一般的广告投入有50%的费用被浪费掉，在现实生活中，大多数人已对商业广告日复一日的轰炸变得无动于衷，再加之任何产品的广告费用最终都会转嫁给消费者。因此，从消费者的角度来讲，消费者在购买商品时相当于一部分的成本花在了产品广告费用上。与此同时，口碑所运用的人际关系的传播是不需要成本的，或只需要很少的成本，但却能形成巨大的宣传效应。更重要的是，人们对口碑这一信息传播渠道的信任程度要远远超过其他方式。据调查，在电器、日用品和房屋等产品的购买过程中，分别有53%、49%和32%的消费者会通过朋友介绍获得相关产品信息；另外，分别有35%、28%和18%的消费者最相信朋友的介绍。

（八）口碑传播更具有亲和力和感染力

口碑传播与传统的传播手段相比，具有与众不同的亲和力和感染力。传统的传播手段通常只能引起消费者的注意和兴趣，并不能促成购买行为的发生，消费者会仔细地在同类产品之间做出对比和鉴别，抱着观望和等待的态度。口碑传播则完全不同，如果有亲戚或朋友极力推荐某一品牌或产品，消费者会跳过怀疑、观望、等待和试探的阶段，而选择充分信任该品牌，因此能够轻易地促成购买行为。

三、口碑传播的类型

（一）意见领袖

在人际传播过程中，有些消费者会比其他消费者更频繁或更多地为他人提供信息，从而在更大程度上影响别人的购买决策，这样的消费者被称为"意见领袖"。企业在开展品牌传播时必须重视"意见领袖"的存在，使品牌咨询通过大众媒体传播后，通过"意见领袖"进行进一步的人际传播，使得人际传播能够一级级地扩散出去，这样不仅能提升品牌知名度，还能建立品牌的美誉度。传播级数的多少取决于推动人际传播的力量大小。"意见领袖"对品牌的评价越高，其推动品牌多级传播的力量就越大。因此，企业需要生产出高品质的品牌产品来赢得"意见领袖"的关注，从而推动多级的品牌人际传播。

人类传播包括人际传播和大众传播两种类型。在传播效率上，大众传播要胜过人际传播，但效果却明显不如人际传播，所以在传播学中人们往往将两者结合起来研究。传播学者保罗·F.拉扎斯菲尔德等人在1944年提出了将大众传播与人际传播联系在一起的"两级传播"理论，并提出了"意见领袖"的概念。他认为，来自大众传媒的信息，首先是传播给意见领袖，再由他们转达给相对被动的大众，这一级的传播就是以人际传播的方式来完成的。事实上，大众传播作为信息传递过程的"信息流"，可以由媒体直接"流"向一般受众，但如果作为效果或影响产生和波及过程的"影响流"，则需要经过人际传播中许多环节的过滤。在社会的每个阶层都可以发现意见领袖的存在，并且他们与受其影响的人非常相似。"意见领袖"比非意见领袖更多地接触媒体获取信息，信息经他们自己的解释后，再传播给那些不常直接从媒体上接收信息的人。同时，"意见领袖"自己也会受到其他"意见领袖"的影响。进一步的研究还发现，"意见领袖"的影响也仅仅限于特定的时间和特定的话题。"意见领袖"之所以有影响力，不仅与他们是谁（社会地位、年龄和性别等）有关，而且与他们所属群体的结构和价值观有关。

在人们的日常生活中，年轻漂亮的女性是"时尚"和"选看影片"两个议题的"意见领袖"，男性主要为"公众事务"的"意见领袖"。社会接触越频繁，则越有可能成为"意见领袖"。事实上，除消费者层面和专家层面的个体型意见领袖外，还存在着消协、质检、科研部门层面的机构型"意见领袖"。

（二）参照群体

所谓群体是指两个或两个以上具有特定的共同目标和共同归属感，并以一定的方式联系在一起进行活动的人群。处于该群体中的个体之间具有相似性，这种相似性包括信仰、所受教育程度和社会地位等方面的相似。参照群体指的是能够代表人们某种模糊价值观的模仿对象，该群体的看法和价值观被个人作为其当前行为的基础。消费者不是每时每刻都处于自主思考的状态，并且按照自己的自主思考行事，他们深受周边环境及周围人们性格的影响。人们的行为可以相互传染并由某几个人蔓延至整个群体，形成潮流。心理学家认为，人们对人际暗示比对环境暗示要敏感。大多数人看起来好像性格稳定一致，那是因为他们能够很好地控制他们的环境。而事实上，消费者并不是总能够很好地控制他们所处的环境，他们要与不同的人交流信息，要生活在不同的群体中，一旦人们在群体中生活，他们就很容易受到外界的影响。对口碑传播有影响的主要参照群体有三种类型：①主要群体，包括家庭成员、亲朋好友、同事和邻居等；②次级群体，包括与消费者有关的各种群众团体和组织，他们对消费者行为产生间接影响；③渴望群体，主要是消费者渴望加入或作为参照的个人或组织，如电影明星和流行歌手等社会名人及交际圈。参照群体为消费者提供了新的消费模式和生活模式，进而影响到消费者对某个事物或商品的看法，导致消费者审美观和价值观的变化，促使人们的行为趋于"一致化"，从而影响消费者对产品、品牌及使用方式的选择。

四、口碑传播的设计

设计口碑传播的关键在于：寻找对品牌满意的目标群体，加深顾客对品牌的印象，提供口碑传播的机会和场所，验证口碑传播的效果。

（一）寻找对品牌满意的目标群体

企业首先应该从消费者、权威人士、共同体或社团等人群中找出能够正确地对某一品牌进行口碑传播的目标群体。寻找这些目标群体的方式如下。

1. 寻找对品牌满意的目标顾客

企业可以从顾客名单中选出有希望进行口碑传播的顾客。根据购买记录中的购买频率、购买总金额等推测他们对该品牌的产品或服务的关心程度，通过访谈或问卷调查等方式来把握他们有无口碑传播的意向。因为挑选的范围是现有顾客，所以这是最有效率的方式。

2. 寻找对目标市场有影响力的权威人士

如果没有顾客名单，或很难把握顾客对产品或服务的关心程度，那么可以寻找对产品的使用、购买有影响力的权威人士。例如，可以选择医生或大学教授等专业人士和一些权威机构、在杂志或电视上受欢迎的人等。企业选择权威人士的关键在于他们对品牌的产品和服务的目标顾客影响力的大小。

3. 在共同体或社团中寻找

网络的出现，使寻找存在目标顾客的共同体或社团变得更加容易，只要使用搜索引擎输入"驴友俱乐部""育儿会"等关键词就可以找到目标顾客活动的团体。在得到团体成员协作意愿的基础上，还要以潜在顾客、期望顾客等有望成为忠诚顾客的群体为对象，进而广泛地促进他们对口碑传播的协作。

（二）加深顾客对品牌的印象

企业选出能够进行口碑传播的顾客后，还必须将企业希望目标顾客传播的信息传递给他们。企业在提供信息时，可以将产品开发的时机、经历的困难、产品的优越性等具有补充价值的信息，通过某些"话题"提供给顾客，让他们成为品牌的忠实拥护者。例如，企业让顾客参与产品开发的过程中，在产品完成之前增加顾客与产品的接触机会，这样不仅创造了顾客需要的东西，而且增加了这些顾客对产品的了解，同时更便于向他人进行推荐。于是，产品开发过程本身就成了话题。

（三）提供口碑传播的机会和场所

受人之托的口碑传播无法产生"自发的推广"，因此顾客需要选出已经了解的东西，"用自己的话表达出来"才更具有说服力。企业可以通过以下两种方式引入谈论。

1. 让已经选出的目标顾客派发样品，而不是企业

顾客在把样品分发给朋友、熟人的时候，自然会将一系列的派送理由以及推荐该品牌的理由传递给接收方，这样既提供了试用产品的机会，又传播了品牌的正面信息。

2. 举办集会活动

企业可以通过集会活动为顾客提供交流的机会，如厨房集会，是指让使用网络的操作者在自己家中举行的理解促进型宣传活动。通过讨论和体验，对产品的软件进行理解、传达，就可以从参加者派生出口碑传播。以某保险公司为例，公司若想开展关于汽车保险方面的集会，一是要从目标顾客的朋友和熟人中一次挑选出6人召集到目标顾客家中。二是以汽车保险为话题开始闲聊，拿出汽车保险策划者准备好的宣传册，在很轻松的气氛中一边学习，一边让大家就保险相关的疑问和不满进行自由的发言，而疑问点往往集中在保险费不透明的地方。如果大家对于保险费用的疑问点感觉一致，则可以通过网上费用比较系统实际体验一下保险费用到底便宜到什么程度。三是参加者通过该公司清晰易懂的费用比较系统，体验到该公司的保险费用低于现在所缴的费用，则会感到满意，进而转换保险的品牌。类似的集会可以经常举办，由于参加者向他人进行口碑传播，可以预料到参加者以外也有人会更换该品牌的保险。而且，通过讨论参与者加深了对汽车保险的理解，关于汽车保险的口碑传播就成了他们闲聊时很容易提起的内容。投资信托、寿险、车险等

金融和保险产品，或网络服务商、手机等通信、信息类的服务等，是需要在销售时进行说明的产品。这些产品和服务不仅难以进行比较，还是普通人理解得很浅、很难进行口碑传播的产品和服务，因此，企业可以通过厨房集会的讨论和让人心动的体验来促进顾客转换品牌，并使口碑传播成功地扩散出去。

企业不仅要让顾客传播对品牌有利的信息，还要让多数人接受正面的口碑传播。企业可以通过举办座谈会等活动，或者在一般顾客面前谈论实际体验、进行试验，又或者把希望人们看到的"口碑传播标题"登载在大众媒体上来进行品牌传播。

（四）验证口碑传播的效果

企业可以通过问卷的形式，调查口碑传播的程序和效果，并将其作为以后进行口碑传播的依据。在人们对扑面而来的正面信息应接不暇的时候，负面信息对消费者的影响却不断在加强。有关企业和产品的负面信息相对于正面信息来说是稀缺的，人们对负面的信息更加敏感，印象也更加深刻，这也正是"好事不出门，坏事传千里"的道理。乔治·西尔弗曼（George Silverman）认为："人们往往更愿意跟别人谈起自己的负面经历，而不是正面经历。"正面经历往往在大家的预期范围内，很容易被忘却；而一些未能解决的产品负面问题却往往令人生气、感到沮丧失望，从而激发人们将这些经历拿出来告诉别人，口口相传。一些研究结果还显示，出人意料的特殊服务也能引起人们奔走相告的强烈欲望，从而出现口碑传播的积极信息。事实上，当消费者表现出对产品或服务不满意时，如果供应商能够做出一些特殊的反应，使消费者转忧为喜，那么这时会引发消费者最强烈、最频繁的口碑传播。

消费者传播负面信息的主要原因有：①购买后不满意的消费者希望通过传播负面信息来告诫他人不要重复同样的错误；②消费者通过向别人诉说来减轻自己购买后由于不满意而产生的失望感；③购买后不满意的消费者由于没有得到企业补偿而希望劝说别人不再购买该品牌来达到报复企业的目的；④消费者希望通过别人得到有价值的建议，来解决自己遇到的问题。

由此可见，不断提高顾客满意度、建立完整的顾客档案系统和有效反馈机制，是消除负面口碑传播的关键，对购买的产品不满意是消费者传播负面信息的根源。首先，企业应该从产品质量入手，降低产品出现问题的概率。其次，明确有关产品问题赔偿的承诺。当消费者对索赔的结果感到满意时，就不会再向别人传播负面的信息，甚至反而会向别人推荐这个品牌。所以，企业应该在产品包装的显著位置标明产品问题的赔偿条款以及联系方式，为消费者的投诉提供方便。最后，加强危机管理能力。无论多么周密的防范都存在疏漏的可能，企业需要建立危机管理机制来应对可能出现的问题。一旦产品出现了影响范围比较大的问题，企业应该及时通过公开的、统一的信息渠道以统一的口径向公众解释问题出现的原因及公司的解决方案，避免负面信息以口头传播的形式蔓延。

没有一个企业能够完全避开消费者的批评与不满——无论这是否属于企业的责任，但如果企业对此予以充分重视，通过对已经出现问题的关注和及时解决，不仅能使批评和不满造成的潜在危害尽快消除，还能赢得消费者对企业更深的信任。

第六章　数字时代的品牌传播媒介

第一节　传播媒介的历史与进展

人类历史上每一次重大的科技进步，都会带来传播媒介的重大改变，从而对人类生活的方方面面产生重大影响。本节围绕传播媒介的发展历史和最新进展展开。科技的加速迭代推动着传播媒介不断创新，也改变着人们的媒介使用习惯。回顾人类传播媒介史，伴随重大科技进步先后出现的传播媒介有报纸、广播、电视、网络、手机等。由于传输介质和运营机制的差异，它们各自形成了自身独特的传播优势和劣势。

一、报纸：最早的大众传播媒介

（一）报纸媒介的传播特征

报纸是最早出现的大众传播媒介。以 19 世纪三四十年代在美国兴起的报刊宣传运动为标志，报业成为一个新兴的产业。随着资本的进入，在英国、美国这些比较发达的资本主义国家，一些垄断性的报业集团开始出现。

报纸与杂志、书籍同属于印刷媒介，依靠文字、图表等符号来传播信息，对受众的文化水平有一定的要求，遵循一定的出版规律，借助配套的物流体系送达受众。在长期的发展过程中，不同的报纸拥有各自独特的报道领域，形成了相对稳定的受众群体。报纸具有便于携带和保存、可以对信息进行深度解读等传播优势。其劣势主要体现在：时效性差，互动性弱，检索不便，信息表达形式受限，受众范围相对有限，等等。

(二)报纸的数字化转型

在互联网浪潮的冲击下,一些报纸纷纷停刊,探索数字化环境下的转型之路。我国的《人民日报》《贵州日报》《广州日报》《东方早报》等都找到了适合自己的融合发展路径,"脱离了最初'纸质报刊+网络版+手机版'的简单相加模式,开始融入移动传播、社交传播和视频传播等新技术和新领域",克服了传统报纸的局限性,提高了信息生产和传播的速度,适应了移动互联网时代受众阅听习惯的改变,提升了用户体验感。

二、广播:开创了伴听媒介新纪元

(一)广播媒介的传播特征

广播属于电子媒介,是继报纸之后又一重要的信息传播媒介。它以有声语言和(或)音响音乐的音声符号传送信息,通过无线电波或导线以及听众配备接收装置来完成传播过程。

广播媒介的优点突出体现在:运用有声语言,打破了印刷媒介对受众文化程度的较高要求,具有广泛的受众群体;广播诉诸声音,信息的采编、播发、反馈速度快,在重大突发事件的报道上时效性极佳;广播作为伴听媒介,突破了时空限制,通过音声符号的变化可以丰富信息的表现形式,增强信息传播的感染力。其不足之处主要体现在:音声符号转瞬即逝,保存性差,对于那些没有听清、不能理解的内容无法重温;广播的线性传播特点使听众只能根据节目播放的时间顺序来收听,缺乏自主选择性。

(二)以音频 App 为代表的网络广播兴起

移动互联网和智能接收终端的普及,推动着传统广播向网络广播的转变,音频 App 成为一个新的风口行业。音频 App 与传统广播一样,都采用音声符号进行传播信息,只是在传输介质上发生了较大的变化,主要通过网络和智能手机、平板电脑、智能穿戴、车联网等移动终端的第三方独立应用程序,为用户提供点播、下载与互动的音频内容。

三、电视:调动视听觉的富信息媒体

(一)电视媒介的传播特征

作为继广播之后的第二大电子媒介,电视开启了大众传播的新时代。电视是指通过无线电波或导线等电子技术，由光电变换系统快速、连续传播图像并伴有声音的传播媒介，包括无线电视、有线电视和卫星电视，经历了从机械电视、电子电视、晶体管集成化电视到数字电视的演变。电视作为影像媒介，能整合人的多种感官的注意力，是一种趋向特写画面的影像媒介。"电视媒体对技术的依赖不仅表现在摄录技术方面，而且会受到不同的传输技术的影响。中国电视自1978年以来，先后经历了微波传输阶段、卫星和有线电视传输阶段以及数字传输阶段。"

与报纸和广播相比，电视媒介的传播优势主要体现在：以声音、图像共同作用于人的感官，超越了对受众文化和智力水平的限制，视听兼备、直接生动、现场感强，可以给观众留下更加鲜明的印象。作为视听媒介的电视，时效性强，受众面广，从出现直至互联网加速发展之前，长期占据个人和家庭休闲娱乐的主要时间和空间。其劣势主要体现在：线性的传播模式导致节目的保存性差，缺乏选择性，受众的深度思考能力受到限制。

（二）网络电视：媒体融合发展的新业态

网络电视是传统电视在网络时代的延伸，弥补了传统电视选择性少、保存性差、用户体验差的不足，受众可以在网络上以点播或直播的方式收看节目，可以决定是否看、怎么看、何时何地看，主动性和选择权得到极大的释放。

随着5G的普及，全球网络视频业务将呈现快速增长的趋势，视频将在5G流量中占据90%以上的份额。ParksAssociates的调查显示，2018年，全球订阅网络电视业务的宽带家庭规模约为2亿。2019年，美国有70%的宽带家庭订阅了至少1个网络电视业务，加拿大和英国订阅了网络电视业务的宽带家庭比例分别为64%和52%。据其预测，全球网络视频业务的订户规模在2025年预计达到5.86亿。届时，全球3.1亿个宽带家庭将订阅至少1个网络电视业务。

随着5G商用时代的到来，许多媒体集团高度重视网络电视业务的开展，其意义主要有：

1. 优化受众结构

开展网络电视业务能够吸引年轻观众，有助于获取用户数据，提高媒体服务质量，提升针对性，优化发展战略服务。

2. 优化营业收入结构

开展网络电视业务是有效应对受众收视习惯变化以及由此带来的消费习惯变化的一种手段。媒体生存和发展的根基是受众，受众需求的变化是融合发展的直接动因。

3. 提升市场竞争能力

网络电视业务能有效延展传统电视机构的资源效用。传统电视台通过发力网络视频业务，补齐渠道短板，实现内容与渠道的双轮驱动。

四、网络：媒介融合的助推器

（一）网络媒介的传播特征

网络媒介的发展和运用，得益于计算机网络技术的突飞猛进。网络媒介被称为继报纸、广播、电视之后的第四媒体，是一种数字化、多媒体媒介。它以国际互联网为信息传播平台，以计算机、手机、平板电脑、电子阅读器、智能穿戴设备等为信息载体，综合文字、声音、图片、影像等形式来传播信息，具备海量存储、高度互动、方便快捷等特点，改变了人类传输信息的方式，成为迄今为止对人类影响最大、最为高效的传播媒介。

网络媒介的优点主要有：传播速度快，交互性强，信息形式丰富，超越时空限制，受众面广；其最突出的优势是数字化，既便于信息的复制和传播，更为不同形式的信息相互转换提供了便利。其不足之处主要有：匿名性加大了网络管理的难度，接入设备和网络费用较高，加深了不同阶层人群之间的"数字鸿沟"等。

（二）网络媒介的未来

互联网与各行业的深度融合，助力经济社会的数字化发展，为各行业的发展带来了契机，也推动互联网发展进入更高的阶段和层级。

以5G技术为代表的移动互联网，具有超大带宽、高可靠、低时延、海量互联等特性。2019年，工信部发放5G商用牌照，我国正式进入5G商用元年，5G产业化准备基本就绪。运营商陆续推出了5G资费套餐，到2019年年底，首批开通5G的城市达到了50个。5G终端产业已经基本成形，5G手机已规模量生产并上市。

2021年，在各方的持续推进下，5G将加快走向应用落地。它将与大数据、人工智能、边缘计算、高清视频、虚拟现实、区块链、工业互联网等新技术交叉融合，向制造、交通、医疗、消费、娱乐等领域不断渗透，拓展全息通信、智能网联汽车、智能制造、智慧医疗等领域应用。此外，如同4G商用时难以预测移动支付、短视频等业态的涌现爆发，随着5G的推广应用，也将催生出诸多目前预想不到的新业态，为数字产业化和产业数字化发展开拓新空间。

另外，为了抓住新一代信息通信技术带来的产业转型升级机遇，我国应当加快推进新型数字基础设施建设。一是超前部署 5G、泛在物联网、太空互联网等新型网络基础设施的建设，为新技术应用业态创新提供新型网络支撑。二是要加强云计算、大数据、物联网、人工智能、区块链等新技术领域能力开放平台建设，丰富平台开放服务功能，为基于新技术的创新创业提供能力平台支撑。三是要加快工业互联网、车联网等行业应用型数字基础设施建设，推动形成行业公共服务平台，为行业平台化发展、数据资源汇聚、智能化管理提供有力支撑。新一轮信息通信技术加速扩散，以更加贴近人性的方式改变着人们的信息传播方式，给经济社会发展带来巨大的创新和根本性的变化。

五、手机：兼容并包的超级媒介

（一）手机媒介的传播特征

手机，特别是智能手机，以其微型化、便携性、即时性、互动性等特征，对人们的工作、学习和生活产生了广泛影响，成为继互联网之后的第五媒体。"第五媒体是以手机为视听终端，手机上网为平台的个性化即时信息传播载体，它是以分众为传播目标，以定向为传播目的，以即时为传播效果，以互动为传播应用的大众传播媒介，也叫手机媒体或移动网络媒体。"这个定义的提出在当时具有一定的前瞻性，预见到了移动互联网和手机智能化给信息传播活动带来的积极影响。随着媒介融合成为一种不可逆转的趋势，手机媒体打破了以往所有媒介之间的界限，成为当之无愧的媒体宠儿。

手机作为人体的延伸，特别是与互联网融合之后，手机价格和网络资费的平民化，延续和放大了所有网络传播的优点，并且在信息的实时采集、编辑、传受等易用性上更胜一筹。纵观手机媒体的发展历史，软硬件设备的升级，加之移动通信技术、互联网技术以及无线互联网的快速发展，共同推动了手机从仅具备通话和短信等基础功能的媒介升级为兼容并包的超级媒介。当前手机 App 应用涵盖新闻类、娱乐类、支付类、游戏类、教育类、美食类、旅游类、健康类、音乐类、电商类等多种类别，并兼容了报纸、图书、广播、电视、互联网视频直播、点播等多种传播形态，形成手机广播、手机电视、手机阅读、手机音乐、手机视频、手机游戏、手机社交等立体化的媒体服务形态。随着各类新技术与智能手机的无缝隙融合，手机媒介将被应用在更多的行业和领域，人类信息传播的方式方法将发生一场颠覆性的变革。

（二）手机媒介的发展趋势

融合人类最新技术的手机媒介不再只是一种传播工具，它将成为人们与世界进行连接的最重要的媒介载体。未来，人们通过手机媒介与世界的连接，不仅是信息的传递，更是人类衣食住行等活动向社会的最大化延伸。借助于各类新技术，手机媒介将彻底颠覆人们传统的工作、学习、生活模式，推动人类生活向更加智能化的社会生活水平迈进。

首先，从外观展示、电池续航、快充技术、处理器及手机容量等方面进一步提升手机性能。未来的手机媒介硬件更加美观、便携，电池不再成为"瓶颈"，续航时长更久。语言文字输入不再是门槛，先进的语音识别技术，将打破语言输入法对部分人群产生的知识技能障碍。此外，随着多语音识别技术的成熟与完善，借助手机媒介进行的跨语言、跨文化传播将更便捷、高效。

其次，人工智能也将被纳入手机媒介的技术应用中。融合智能化语音、图像识别技术、指纹、虹膜等生物技术，以及智能机器人与自然语言处理等新技术，手机媒介的智能化应用领域将不断扩大，应用水平将大幅提升。伴随生物技术与信息技术的融合应用，未来手机媒介的安全性将更加可靠。

再次，VR、AR已逐渐成为一种新的技术潮流，未来的手机媒体将融合虚拟现实技术，为用户提供包括VR、AR在内的新型视听感官服务。目前，已经有部分儿童玩具借助手机媒介，将动画与虚拟场景融为一体，呈现出非常逼真的立体动画效果。未来，这种收视体验更好的应用必然与手机媒介这一普遍标配媒介实现更加完美的融合。

最后，借助大数据、人工智能与物联网技术，手机物联网应用将成为现实。物联网是在互联网的基础上，通过射频识别、红外感应器、全球定位系统、激光扫描器等信息传感设备，按约定的协议，将任何物品与互联网相连接，进行信息交换和通信，以实现智能化识别、定位、追踪、监控和管理的一种网络技术。未来，手机媒介将成为物联网的基础入口，或者说唯一的物联连接载体。或许这一载体的名称不一定为手机媒介，但一定是一种高度便携、兼容性强、功能多元的媒介，借助它，人们可以自由操控现实生活和虚拟生活的方方面面。

未来手机媒介将融合更多最新的技术，在不断升级、完善硬件性能的同时，为人们提供种类更加丰富齐全、更加贴近人性的高水平服务应用。

纵观传播媒介的发展史，我们发现受众拥有了更多的媒介选择权利，可以选择以自己喜欢并能够接受的方式来接触媒介，最典型的莫过于可以选择成为会员，付费跳过不喜欢的广告部分。这对于品牌传播机构和人员来说却不是好消息，他们必须精心挑选和组合传播媒介，以更加新颖有趣的方式与消费者互动，来影响和改变消费者对品牌的认知。

第二节　消费者的媒介使用特征与转型

一、消费者的媒介使用特征

人类社会进入 21 世纪以来，新兴科技的迭代推动着媒介形式的更新，重塑和改变着人们的生活方式，消费者的媒介接触（也可以称为使用或消费）习惯也在发生着变化。在电视、广播、报刊盛行的年代，品牌主和营销传播机构根据人口的统计学特征，如性别、年龄、收入、学历等特性来做品牌传播规划。数字技术与传统媒介融合催生的媒介新形态，与日常生活交织在一起，成为人们生活习惯的一部分。只有深入了解消费者的生活方式和媒介接触行为，才能做好品牌传播计划，从而提高媒介投放的精准度。

（一）消费者的媒介选择权和控制权变大

随着数字技术赋权消费者，人们面对着为数众多的媒介类型和媒介内容，他们变得更加积极主动，媒介选择权和控制权得以不断变大。当消费者付出时间、精力和金钱来购买、消费媒体内容时，他们不再满足于被动地接收，而是更加主动地寻找能够满足自身需求的内容。以移动互联网技术和智能手机为代表的移动接收终端的空前大发展，正好满足了消费者对媒介的控制欲望。

数字技术在赋权消费者的同时，也改变了消费者接触媒介时扮演的角色。传统媒体时代消费者扮演的"被动的信息接收者、目标对象"这一角色越来越淡化，取而代之的是"搜寻者、咨询者、浏览者、反馈者、对话者、交谈者"等新角色。以计算机技术为基础的双向模式给消费者提供更充分的交互性和主动性，甚至将传播过程模式从"训示"改为"咨询"或"互动"。正如麦奎尔援引班迪里的观点："受众最初是由技术的发明者所构建的，然而，后来的媒介发展史也显示，使用者们最终'革新'了技术。"技术变革带来的新应用正向着对消费者有利的方向发展，消费者可以选择自己需要的内容、接收时间和地点。随着媒体之间竞争的加剧，对消费者注意力资源的争夺只会愈演愈烈，为消费者创造个性化的媒介"菜单"是一种趋势。

（二）消费者的媒介多重任务处理能力增强

数字时代的消费者，尤其是年轻人的媒介接触行为发生了很大的变化，越来越多的人同时使用多种媒介进行多项任务。你可能有过类似的经历：一边在计算机上完成工作任务，一边打开手机查看社交软件或别的应用的最新消息，还有可能戴着耳机收听自己喜欢的节目，或随时接听来电等。这就是典型的媒介多重任务使用场景。

互联网诞生以前，人们通常是单独使用某种媒介，如看电视、听广播、读书看报等，以线性的方式分批、逐次接收、处理和使用信息。而数字技术催生的新媒介丰富了人们的媒介选择，以其"易得和可多接触性训练了人们的多任务处理能力"，人们不再满足于单一的媒介接触，总愿意去尝试新的媒介形式，在同一时间平行地接触多种媒介成为可能，这满足了人们监测环境变化的需要。随着人们获取信息的方式变得更加容易和便捷，消费者变得越来越主动和精明，不再那么容易被影响，他们搜寻信息，辨别真伪，分析企业的营销活动，更谨慎地做出适合自己的购买决策。

（三）满足消费者需求的精准传播受到欢迎

互联网技术特别是智能手机和移动互联网的迅速发展，改变并重塑着媒体格局和媒介生态，一个主要的变化是受众的主体地位和权利受到重视，话语权得到释放和满足。"受众即消费者"开始成为很多媒体集团的经营思路，尊重和满足消费者的需求成为一种业内共识。

放眼当下，那些流量和口碑双赢的媒介内容都从一开始就将受众的需求、意见和声音吸收了进来，这是因为媒介信息驱动人们行为转变的机制在发生变化。以往的消费行为的形成过程是"知晓—兴趣—考虑—偏好—购买"，随着网络的发展逐渐成为越来越多的中国消费者日常生活中的必需品，更多的消费行为的形成过程变成"知晓—接触（搜寻—口碑—邀请—互动）—购买"，最终决策是需要通过网络搜索进一步接触品牌之后才做出的。任何想要影响消费者心理、态度和行为的一方，都需要关注消费者的需求，并结合消费者的需求开展精准的传播活动，这样才有可能影响到他们。

为了适应受众媒介接触行为和习惯的改变，数字时代的品牌传播经历了从大众传播到分众传播再到精准传播的阶段。大众传播关注的是信息覆盖面而非触达目标人群的到达率，是一种粗放的媒体投放方式；分众传播更加注重对消费者的人口学细分，从时间、地点、内容到互动方式，关注某一社群的媒介接触习惯，希望传播的内容能够更好地触达消费者，相比大众传播其营销效果有了一定改善，但是还不够精准；目前营销传播正朝着与消费者需求匹配的精准传播发展，基于地理位置和搜索推荐的信息定制服务成为流行趋势。各种日渐兴起的营销传播模式，如娱乐营销、体验营销、情感营销或以上方式的跨界整合等，更加注重消费者的心理需求和情感体验，吸引消费者深度卷入其中，给消费者带来精神上的愉悦和难忘的体验，实现对整个消费者从获知信息到产生行动的完整行为链条的覆盖。

总之，随着数字技术赋权消费者，消费者的媒介选择权和控制权变大，同一时间媒介的多重任务处理能力也得到增强，以消费者需求为导向的信息定制和媒介精准传播服务受到欢迎。品牌主和营销传播机构需要转变思维和经营理念，着力构建以消费者为中心的品牌传播机制。该机制能够在消费者想要获取或接收品牌信息时，以消费者喜闻乐见的形式，为消费者提供有价值的产品和服务信息。而非像过去的插播广告、电话营销、地面推广等，通过打断消费者正在从事的活动，制造干扰来获取消费者的注意。这将是一个巨大的挑战，蕴藏着品牌传播和新生的机遇。

二、数字时代品牌传播媒介的转向

数字媒介几经变革，历经"从门户网站到社交媒体，再到今天的智能媒体；从一对多的'布告式'传播到多对多的圈群化传播，再到基于算法的个性化分发"。抛除技术进步带来的媒介形态和传播模式的变化，从受众的角度看，信息传播机制中的反馈环节得到加强，从"作为市场的受众"观念出发，尊重和重视受众的权利成为媒介生产和生存的基本法则。随着受众角色的转变和地位的提高，数字时代的品牌传播逐渐由过去外推式的单向传播向着内拉式的互动传播转变，同时朝着智能化的精准传播方向发展。

在数字技术广泛盛行之前的很长时间里，营销机构和人员掌握着品牌传播的主动权，根据预算决定何时何地以何种方式传播，主导传播的一方假定消费者或潜在消费者会接收到信息，这是传统外推式的单向传播思维。而今，随着新兴媒体赋权消费者，消费者和潜在消费者通过无处不在的数字媒介和社交媒体获取信息，营销机构和人员在运用外推式的传播方式，如广告、公共关系、销售促进、直接营销等之余，应当密切关注各种新兴互动媒体的应用发展趋势，帮助组织转向构建以消费者为中心的内拉式互动传播系统。时下，随着大数据、人工智能、物联网等技术与传媒的有机融合，以改善用户体验为最终目标，将信息内容与用户需求精准匹配的智能化、精准化传播序幕已然拉开，这在传播效率、效果及效益方面将全面颠覆以往任何时代的品牌传播认知和实践。

（一）传统外推式的单向品牌传播媒介系统

产生于20世纪90年代的万维网（world wide web，"www"）技术，广泛应用于社会各个领域，已然成为传媒和社会变革的重要推动力量。它是1990年由英国人蒂姆·伯纳斯－李（Tim Berners-Lee）在欧洲共同体的一个大型科研机构任职时发明的，当时，世界有了第一台 Web 服务器和 Web 客户机。1993 年，伊利诺斯大学学生马克·安德里森（Marc Andreessen）在美国国家超级计算机应用中心实习时开发出图形界面浏览器 Mosaic，让人们可以用空前方便的方法访问万维网信息资源。从此，万维网在世界范围内不胫而走，被称为"网中之网"。万维网是因特网应用取得爆炸性突破的关键性条件，通过万维网，互联网上的资源可以在一个网页里比较直观地呈现出来；而且资源之间在网页上可以链来链去。这种利用互联网络实现了人类海量资源共享的技术就叫作"Web1.0"。我国早期的 Web1.0 技术，以各大门户网站为代表，如 Yahoo、新浪、搜狐、网易、腾讯等，其主要特征是大量使用静态的 HTML 网页来发布信息，并开始使用浏览器来获取信息，这个时候主要是单向的信息传递。传播主体有选择性地编辑、处理和上传网站内容，网民被动地浏览和阅读，"发布—浏览"成为该阶段的信息传播模式。

随着受众的转移，传统媒体纷纷转战互联网，形成了一批极具影响力的主流门户网站，如新华网、人民网、光明网等。以门户网站为主的单向信息传播模式，本质上是传统媒体"点"对"面"传播的网络延伸，只是传统媒体在网络空间的复制和迁移。就受众而言，受制于已有技术和高昂的媒介接触成本，他们既无法参与信息的生产，也难以进行及时的信息反馈，故而形成了一种以单向性和中心化为特征的网络传播结构。

以门户网站为主的"发布—浏览"模式，在参与、互动和分享等方面存在一些不足，然而网络的富媒体形态使其超越了传统媒体，丰富了传播样式和内容表现力，为扩大品牌营销和品牌传播的影响力增加了新渠道。该时期主要的网络应用形式有：企业网站、网络广告、邮件营销、搜索引擎营销、网上商店营销等，都以向外推送式的单向品牌信息发布和传播为主。

（二）新兴内拉式的互动品牌传播媒介系统

Web1.0 技术实现了信息内容的聚合，Web2.0 技术则满足了人们参与、互动及分享的需要，典型的应用包括：即时通信（IM）、博客（blog）、标签（tag）、简易信息聚合（RSS）、维基百科（Wikipedia）、社交网站（SNS）、基于位置的信息服务（LBS）等。2004 年 3 月，欧雷利媒体公司（O'ReillyMedia Inc.）负责在线出版及研究的副总裁戴尔·多尔蒂（Dale Dougherty）在公司的一次会议上随口将互联网上最近出现的一些新动向用 Web2.0 一词来定义，该公司主席兼 CEO 蒂姆·欧雷利（Tim O'Reilly）立刻被这一说法吸引，并召集公司相关人员用头脑风暴的方式进行探讨。在欧雷利媒体公司的极力推动下，全球第一次 Web2.0 大会于 2004 年 10 月在美国旧金山召开。从此，"Web2.0"这一概念以不可思议的速度在全球传播开来。

在 Web 2.0 时代，技术能够支持双向的信息编辑、发布和浏览，用户的身份和角色开始从信息的使用者和接收者转向信息的生产者和传播者，广大用户自发织网，互联网正成为一个汇聚普罗大众能量的磁场，用户"共建—共享"的传播模式开始形成和流行。2007年1月，美国《时代》周刊公布了其 2006 年的"年度人物"（Person of the Year），这次不是某一个具体的个人，而是全球数以亿计的互联网使用者。之所以选择亿万网民，《时代》周刊执行总编辑理查德·施滕格尔（Richard Stengel）解释说："如果你选择一个人为年度人物，你必须得给出他是如何影响数百万人生活的理由；但是如果你选择数百万人为年度人物，你就用不着给出理由了。"《时代》周刊的颁奖词中有这样一段话："Web2.0 是一个大型的社会实验。与所有值得尝试的实验一样，它可能会失败。这个有 60 亿人参加的实验没有路线图，但 2006 年使我们有了一些想法。这是一个建立新的国际理解的机遇，不是政治家对政治家，伟人对伟人，而是公民对公民，个人对个人。"

面对蓬勃发展的新兴互动媒体，用户作为信息生产者的创作欲得到释放，作为传播者的影响力得以扩大。用户自行设计网页、制作和传播内容。以共同的兴趣爱好为基础，满足个性化信息需求的网络应用变得更加普遍，"从'人机'交互向'人—机—人'交互方向发展，这些全新的网络技术发展趋势也给网络营销带来全新的理念。其典型的网络营销方法包括博客营销、电子书营销、网络社区营销、即时通信营销等"。

在此背景下，为了增强品牌传播效果，企业品牌管理人员应把工作重心转向构建以消费者为中心的内拉式互动传播系统。该理念主张品牌传播媒介的运用应以不打断用户正在从事的活动或不对用户的信息接收造成干扰为原则，以免招致反感而适得其反，要适应用户品牌接触媒介的习惯，借助新颖的信息内容创意，吸引用户注意，从而调动起用户参与的兴趣，使用户接触和搜索信息，参与互动或者做出购买决策，最终分享产品及服务的消费体验，口口相传，形成蜂鸣效应。植入广告、用户生成内容等形式，由于满足了以上条件，从而成为品牌营销和传播机构非常重视的传播手段。

（三）方兴未艾的智能品牌传播媒介系统

与 Web1.0、Web2.0 不同的是，业内有关 Web3.0 一说，都认可其核心理念是致力于为用户提供顺畅的个性化、精准化和智能化的信息服务。Web3.0 在 Web2.0 的基础上，将杂乱的微内容进行最小单位的继续拆分，同时进行词义标准化、结构化，实现微信息之间的互动和微内容间基于语义的链接。Web3.0 能够进一步深度挖掘信息并使其直接从底层数据库进行互通，并把散布在 Internet 上的各种信息点以及用户的需求点聚合和对接起来，通过在网页上添加元数据，使机器能够理解网页内容，从而提供基于语义的检索与匹配，使用户的检索更加个性化、精准化和智能化。业内人士认为，Web3.0 跟 Web2.0 一样，仍然不是技术的创新，而是思想的创新，进而指导技术的发展和应用。由此看出，Web3.0 旨在实现信息内容和用户需求之间的高度匹配。一方面，为受众提供其所需要的有价值的内容，降低信息检索的成本；另一方面，在合适的时间、合适的场景，将合适的信息呈现在对应的受众面前，以实现价值的最大化。在 Web3.0 时代，组织和个体之间加强协同配合，共同为用户提供智能化、精准化和个性化的信息聚合服务。

以 Web3.0 时代的理念和技术为支撑，现阶段的品牌营销和传播在传播效率、效果及效益方面将全面颠覆以往任何时代的品牌传播认知和实践，如精准营销、互动营销、体验营销。以文化旅游业为例，用户通过多种接收终端随时随地接入互联网，如个人电脑、智能手机、电子阅读器、智能穿戴等设备；就景点介绍及票务预订、住宿餐饮、导游服务、交通工具、在线支付等，品牌主为用户提供个性化、精准化、智能化的信息匹配服务，最大限度地满足用户的需求，改善用户的体验；同时，用户基于相关产品和服务的网络评价，丰富了品牌传播内容，有利于实现立体化的品牌传播效果。

（四）数字时代品牌传播媒介的展望与趋势

有关 Web4.0 时代的说法不一，散见于一些行业会议发言和讨论中。

5G、大数据、人工智能，从物联网（internet of things，IoT）到万物互联（internet of everything，IoE）的转变，在业界掀起一股以数据驱动营销，品牌传播可视化的潮流。

坚持以人为本、以消费者为中心的理念，品牌主与广告营销机构合力以新的方式为消费者创造价值，在合适的时间、合适的地点，以合适的媒介内容触达消费者，与他们沟通互动，为顾客带来更丰富的体验。

数据驱动营销的第一步是收集和分析数据，从海量数据中提取价值，将数据的价值赋予品牌。许多企业纷纷搭建自己的数据、技术部门，用于指导管理决策。同时，与业界拥有强大数据分析能力的公司合作或者购买使用也不失为一种有效的策略。在数据的基础上创造面向未来的产品，这是对数据很好的使用，同时是很有趣的方法，可以帮助我们以一种开放的方式打造产品，同时把终端客户很好地吸纳进来。

另外，品牌传播可视化得益于即将普及的 5G 技术。5G 技术具有高带宽、低时延的特点，在品牌传播方面可以提供更加深入的沉浸式交互体验。围绕满足用户的需求，跨屏互动、多渠道融合的数字营销是未来的一个重要营销方向，其表现形式有：直播带货、AR/VR 营销等。

数字时代，企业高层管理人员和品牌营销传播机构对媒体生态图谱要有足够清晰的认知，能够深入理解不同类型媒体平台的特性，描绘每种媒体触达人群在生活方式、内容消费和购买行为等方面的群体画像，从而帮助企业制定出长期和短期相结合的品牌传播战略和策略，最终实现不同时期的品牌传播目标。

第三节　数字时代的品牌传播渠道

随着数字技术的飞速发展和数字接收终端的普及，传播媒介系统的数量呈现爆炸式增长。我们可以列出一份长长的可供人们选择的数字媒体清单，包括电视、计算机、智能手机、智能穿戴、电子阅读器、各种音视频播放器以及正在发展的新兴人工智能设备等。依托互联网技术和数字媒体平台，衍生出了大量的数字应用，包括从早期的门户网站、搜索引擎、电子邮件、网络视频、网络游戏、网络音乐、电子杂志等，到占据人们更多时间和注意力的社交媒体，如微博、微信、直播、问答、百科、短视频、自媒体等。数字时代使顾客和企业都获得了更为广泛的能力，这种新的能力使传统"线下第一、线上第二"的逻辑转变为"线上第一、线下第二"。

一、数字化转型对品牌传播渠道的影响

（一）传统媒体与数字媒体的对比

在数字化转型的背景下，品牌传播渠道经历了显著的变革。传统媒体，如电视、广播和印刷广告，虽然依然占据一定市场份额，但其影响力逐渐被数字媒体所取代。数字媒体的快速发展使得品牌能够通过多种渠道与消费者进行互动。与传统媒体相比，数字媒体具备即时性、互动性和个性化等特点，使品牌传播的方式更加灵活和高效。消费者不仅是信息的接受者，更是内容的创造者和传播者，这一变化迫使品牌重新审视其传播策略，适应新的消费环境。

在传统媒体中，信息传播通常是单向的，品牌向消费者传递信息，而消费者的反馈和参与度较低。这种模式在数字化转型以后发生了变化，品牌开始重视消费者的声音和参与感。数字媒体允许消费者在社交平台上表达意见、分享体验，品牌可以通过监测这些反馈来了解消费者需求和市场动态。这种双向沟通不仅增强了品牌与消费者之间的联系，还提高了消费者对品牌的忠诚度。随着数字媒体的崛起，品牌传播的方式越加多样化，品牌需要灵活运用各种渠道，以提升传播效果。

数字化转型还改变了品牌传播的内容形式,传统媒体主要依靠文字和图像传递信息,而数字媒体则能够结合视频、音频和互动元素,创造更加丰富和多元的内容体验。这种内容形式的变化使品牌能够更好地吸引目标受众,提高信息的传递效率。品牌在选择传播渠道时,需要考虑目标受众的偏好和行为习惯,以制定更加精准的传播策略。通过灵活运用不同的内容形式,品牌可以更有效地传递其核心价值和信息,从而增强品牌影响力。

(二)消费者接触渠道的变化

数字化转型深刻影响了消费者接触品牌的渠道。过去,消费者主要通过传统媒体接触品牌,而如今,随着移动设备的普及和社交媒体的兴起,消费者的接触渠道变得更加多样化和复杂化。在数字时代,消费者可以通过网站、社交媒体、应用程序等多种途径接触品牌信息,品牌必须在多个渠道中建立一致的形象和信息传递。

这一变化意味着品牌需要更加关注消费者的跨渠道体验。消费者在不同的渠道上获取信息、比较产品和做出购买决策,品牌需要确保其信息在各个渠道上保持一致性和连贯性。这要求品牌对其传播内容进行精细化管理,以避免信息的不一致导致消费者的混淆。同时,品牌还需要关注不同渠道的特点和消费者在各渠道上的行为习惯,以制定相应的传播策略。例如,社交媒体强调互动性和即时性,品牌需要在此平台上及时回应消费者的反馈,而在电子邮件营销中,则可以采用更加详尽和个性化的内容。

此外,数字化转型还带来了"随时随地"的消费趋势,消费者可以在任何时间和地点访问品牌信息,这要求品牌在内容发布和渠道选择上更加灵活和迅速。品牌须积极拥抱移动优先的策略,以确保在移动设备上提供优质的用户体验。这不仅包括优化网站和内容以适应移动端,还须利用移动应用和推送通知等方式,与消费者进行即时的沟通。通过这种方式,品牌可以更有效地吸引消费者的注意,提高品牌的曝光率和互动率。

(三)渠道整合的必要性

在数字化转型的过程中,渠道整合成为品牌传播中的一个重要课题。面对多样化的传播渠道,品牌必须采取整合策略,以确保信息的一致性和传播的高效性。渠道整合不仅是将不同的传播渠道进行简单的组合,更是对品牌传播策略的全面优化,使其能够在各种渠道上形成合力,提升品牌的整体影响力。

1. 渠道整合能够提高品牌的传播效率

通过整合不同的传播渠道,品牌可以在一个统一的框架下进行信息传递,避免信息重复和冗余，从而提升传播的有效性。品牌在制定整合策略时，需要分析各渠道的特性和受众，以确保信息能够在不同渠道上产生协同效应。例如，社交媒体可以用来引导流量至品牌官方网站，官方网站则提供更详尽的信息和服务。通过这种整合，品牌可以更有效地引导消费者的购买路径，提高转化率。

2. 渠道整合有助于增强品牌消费者的洞察能力

在数字时代，消费者的行为和偏好不断发生变化，品牌需要通过多渠道的数据收集，深入分析消费者的需求和反馈。整合不同渠道的数据，不仅可以帮助品牌更全面地了解消费者，还能为品牌优化传播策略提供依据。品牌可以通过数据分析识别出高价值的消费者群体，制定针对性的营销活动，从而提高营销的精准度和投资回报率。

3. 渠道整合能够提升品牌的市场竞争力

在竞争日益激烈的市场环境中，品牌只有通过有效的渠道整合，才能在消费者心中建立起清晰的品牌形象。整合传播可以帮助品牌在市场上形成独特的声音，使其能够在众多品牌中脱颖而出。品牌需要不断评估和调整其整合策略，以适应市场变化和消费者需求，确保在数字时代的传播中保持竞争优势。

二、主要数字传播渠道分析

（一）数字广告

网络传播的即时交互、覆盖面广、富媒体形态等特征，开辟了广告传播的新空间。1997年3月，Chinabyte网站上出现了第一条商业性网络广告，这标志着中国网络广告诞生了，此后中国网络广告发展迅猛。

根据eMarketer报告，2019年全球数字广告支出将增长17.6%，达到3 332.5亿美元，首次占媒体广告支出的一半左右。广告支出将在全球范围内继续增长，其中数字广告推动大部分增长。

截至目前，数字广告的传播形式有：浮动式广告、弹窗式广告、植入式广告等。具体的传播渠道包括：网页、电子邮件、电商平台、App应用、社交媒体平台（如微博、微信、抖音等），以及正在孕育的智能数字广告。

数字时代的广告传播，架起了品牌和消费者之间沟通的桥梁。广告传播对象从笼统到具体、从宽泛走向定制，个性化、定制化的信息服务成为流行趋势。数字广告的传播优势主要体现在以下四点。

1. 改善用户体验

数字广告突破了图文视频的表现形式,以真人讲解示范、动漫人物模拟、VR/AR虚拟现实增强技术,并通过模拟现实中的场景,同时借助沉浸式传播为用户提供身临其境的体验,使得用户的产品和服务体验更加友好、直观,从而增强广告传播的效果。例如,网络游戏《第二人生》就创造出了一个巨大的虚拟三维世界。

2. 及时互动式的反馈

互联网媒介的草根特性,使其一开始便赋予了每个网民平等交流的权利。就数字广告而言,用户在接收信息的同时,也能做出及时的反馈。"用户生成的广告"已经成为数字时代品牌广告内容的重要组成部分。用户就产品或服务发起话题讨论,上传图文视频,分享自己的使用体验,同时在互动中加深品牌印象,丰富品牌联想。

3. 跳转链接的无限性

海量开放的网络信息,使用户在浏览数字广告时,可以在各种跳转链接中全方位、立体地了解某一产品、服务和品牌,弥补了传统广告信息内容有限的缺陷。数字广告下的消费决策变得更加快捷和人性化,当消费者看到中意的产品时,可以随时下单。简言之,广告对消费决策的影响更加直接和高效,消费者在搜寻、接触信息中随时有可能产生购买行为。

4. 基于用户画像的广告传播精准化

大数据技术的运用,不仅提升了对数据的挖掘和处理能力,也重塑了数字广告行业。

用户画像是大数据技术的重要应用之一,其目标是在多维度上构建针对用户的描述性标签属性。阿兰·库珀(Alan Cooper)最早提出用户画像的概念,是指"建立在一系列真实数据上的目标用户模型"。特谢拉(C.Teixeira)等认为用户画像是"从海量数据中提取并描述用户需求、偏好和兴趣的用户模型"。我国学者牛温佳、刘吉强等将其概述为"收集与分析用户的社会属性、生活习惯、消费行为等数据,通过标签化全面抽象地得出用户的信息全貌"。用户画像最初应用于计算机、电子商务、图书馆等领域的产品设计与优化、内容精准推送、个性化服务等方面。

用户画像作为实现智能信息推荐的关键性技术范式与工具,因其在用户细分与定向、挖掘并判断用户需求、喜好、消费行为等方面的独特优势,将对数字广告传播的精准性和有效性发挥重要作用。

（1）用户画像从根本上革新了基于小样本的传统洞察方式，为企业提供了用户信息全貌，从而精准定位目标用户群体并挖掘用户的需求，为广告对象设定和基于大数据的消费者洞察提供关键技术支持。

（2）通过用户画像完成对广告目标的认知和设定后，继而可以执行精准化、个性化的数字广告创意及媒介策略，并实时优化广告效果，减少无效广告费用的浪费。

（3）基于用户画像技术，提高广告行业的市场效率，促进我国广告产业智能化转型与快速发展，提升我国数字广告产业的竞争力。

总之，随着各种新兴技术的运用，为用户提供最符合需求和期待的广告内容和商品信息，实现广告、用户、商品或服务的精准匹配成为可能，未来数字广告将朝着精准化、个性化、智能化的方向发展。

（二）电商平台

1998年，我国第一笔网上交易达成。今天，电商及其配套服务已经成为生活基础设施，满足着人们日常的购物需求。

电商平台是以计算机技术和网络信息技术为基础开展的商业活动，目前主要有PC端和移动端两种接入方式。由于较少受到时间和空间的限制，加上丰富的应用场景和发达高效的物流体系，以及地理位置信息的分享，打破了线上和线下之间的界限。此外，网络支付、服务保障、物流配送等电子商务配套体系的发展和成熟，使电商平台成为连接政府、企业、商家和消费者的纽带，在提振消费、扩大需求和保障民生方面发挥了关键作用，为经济社会的常态运行创造了良好条件。

2020年3月15日，中国消费者协会发布的《"凝聚你我力量"消费维权认知及行为调查报告》显示，从消费行为特征上看，线上消费替代线下消费趋势明显，近六成受访者线上消费超过线下消费。

根据Forrester的最新报告预测，全球网络零售额将从2023年的4.4万亿美元增长到2028年的6.8万亿美元，复合年增长率为8.9%。

电商平台不断创新和融合新技术，持续为数字经济的发展注入动力。为了适应消费者购物方式的转变，企业通过第三方平台和自建平台等方式，一轮又一轮的品牌营销和传播大战接连上演。互联网俨然已经成为一个包括数字媒体、社交App、智能手机等在内的交互体系，5G、大数据、区块链、人工智能等技术在电商领域的应用推广，共同形塑着新的信息传播模式，电商平台朝着移动化、社交化、智能化的方向发展。

（三）社交媒体

社交媒体（social media），有时也使用"社会性媒体""社会化媒体"的表述，在不同程度上得到了学界和业界的一致认可而被广泛传播并使用。"社交媒体"以用户的需求为出发点，突出强调新媒介技术在满足大众社会交往需求方面的特性。这与"social"包含的"社会的、社交的、社群的"意思相一致。而"社会性媒体""社会化媒体"则更注重强调新媒介技术带来的社会影响。

随着传统电商流量费用和获客成本的不断攀升，社交媒体以其高黏性、高频次、低成本的优势开创了"社交+电商"的新模式。在社交电商人际传播网中，关键意见消费者（key opinion consumer，KOC）作为热爱分享购物经验和体验的意见领袖活跃在各大平台，实现了分享、互动和晒单的需求，为消费者带来了有趣的购物新体验。

社交媒体平台风水轮流转，谁更能赢得用户的欢心，谁就能成为新一轮电商发展的必争之地。细数我们用过的社交媒体软件，有QQ、MSN、飞信、微博、微信、短视频、直播以及各种网络社区等。以小米手机为例，企业搭建了"小米社区"网络论坛，知乎、豆瓣上的"小米手机"讨论组，QQ上的"小米手机交流群"等，企业、顾客和其他群体都可以加入社交媒体中对品牌进行讨论，构建品牌与消费者之间有效可控的互动关系成为品牌营销传播工作中的关键所在。

随着人口红利效应的减弱，各行业的获客成本不断增加，社交电商成为经济发展新的增长点。拼多多、小红书等社交电商平台的崛起，五花八门的电商直播，眼花缭乱的社群拼购，这些社交电商形式集引流、互动、变现于一身，将品牌触达的用户都沉淀在自有平台上，逐步确立"多元流量+小程序+App"的全渠道运营模式，解决了品牌与消费者之间沟通渠道不畅的问题，构建出以强互动和高转化为特征的品牌传播体系。

三、新兴传播渠道的崛起

（一）移动应用与品牌传播

随着智能手机的普及，移动应用成为品牌传播的重要渠道。品牌通过移动应用能够实现与消费者的深度互动，创造个性化的用户体验。移动应用不仅为消费者提供了便捷的购物体验，还允许品牌直接接触目标用户。通过应用内通知、推送消息和个性化推荐，品牌能够即时传递信息，提高用户的参与度和忠诚度。

移动应用的优势在于其灵活性和实时性。品牌可以根据用户的行为和偏好，快速调整内容和营销策略。这种实时反馈机制使品牌能够在竞争激烈的市场中保持敏捷，及时响应消费者的需求。此外，移动应用还可以通过数据分析，收集用户行为和偏好数据，从而优化品牌传播策略。品牌通过分析这些数据，可以深入了解消费者的习惯和需求，从而制定更具针对性的营销方案。

移动应用的社交功能也是其传播效果的重要组成部分。用户可以在应用内分享自己的体验和反馈，进一步扩大品牌的影响力。通过鼓励用户分享，品牌不仅可以增加曝光率，还能建立起良好的口碑。在社交媒体盛行的背景下，品牌需要充分利用移动应用的社交属性，将用户的互动转化为品牌传播的一部分。通过这种方式，品牌能够有效增强与消费者之间的关系，从而提升品牌的知名度和美誉度。

移动应用为品牌提供了丰富的内容展现形式。品牌可以在应用中整合图文、视频、音频等多种媒体形式，以满足不同用户的需求。这种多样化的内容展示方式不仅提升了用户体验，也为品牌传递价值和信息提供了更大的灵活性。在数字化转型的过程中，品牌应重视移动应用的建设与优化，以提升其传播效果和市场竞争力。

（二）内容营销与品牌故事

内容营销作为一种新兴的传播渠道，已成为品牌与消费者沟通的重要手段。通过创建有价值且相关的内容，品牌能够吸引并保持目标受众的关注，从而推动品牌认知和忠诚度的提升。内容营销不仅注重信息的传递，更强调故事的讲述和情感的共鸣，使消费者在潜移默化中与品牌建立起情感连接。

品牌故事的构建是内容营销的核心。一个成功的品牌故事能够激发消费者的情感，引发共鸣，从而增强品牌的吸引力。内容营销不仅是推销产品，而是通过讲述品牌的历史、价值观和使命来吸引消费者。品牌故事不仅能够传递品牌的独特性，还能在消费者心中植入品牌形象。这种情感的连接使得品牌在竞争中脱颖而出，最终形成了独特的市场定位。

在数字时代，内容营销的渠道更加多元化。品牌可以通过博客、社交媒体、视频平台等多种形式传播其内容。这种多样化的渠道选择使品牌能够触及更广泛的受众群体。消费者可以根据自己的兴趣和需求选择接收内容的方式，品牌因此需要灵活调整传播策略，以适应不同渠道的特性。此外，用户生成内容（UGC）在内容营销中也扮演了重要角色，消费者的真实体验和评价不仅增强了品牌的可信度，还为品牌传播提供了更多的创意和灵感。

内容营销还需结合数据分析，以评估其传播效果。通过分析消费者对内容的互动情况，品牌可以及时调整内容策略，确保信息的相关性和有效性。这种数据驱动的方法使品牌能够更加精准地定位目标受众，提升内容营销的整体效果。随着消费者对内容质量的要求不断提高，品牌必须重视内容的创意和深度，以赢得消费者的青睐。

（三）视频营销与直播平台

视频营销在数字时代的传播渠道中越发重要，成为品牌与消费者互动的新方式。视频内容能够以生动形象的方式传递信息，吸引消费者的注意力，并在短时间内传达复杂的品牌信息。通过利用视频，品牌不仅能够展示产品的功能和特点，还可以通过故事情节吸引消费者的情感共鸣，从而增强品牌的记忆度。

随着社交媒体平台的不断发展，视频营销的形式也日益丰富。短视频平台，如抖音、快手等成为品牌传播的重要阵地，品牌可以通过创意短视频迅速吸引用户的关注。相比传统广告，短视频能够以更具娱乐性和互动性的方式与用户沟通，提升品牌的亲和力和吸引力。此外，品牌还可以利用长视频平台如 YouTube，发布深入的产品介绍、使用指南和品牌故事，以建立更深层次的消费者关系。

直播平台的兴起更是为视频营销注入了新的活力。品牌可以通过直播与消费者进行实时的互动，展示产品的使用效果和实际场景。这种即时性和参与感使消费者能够更好地理解产品，从而提高消费者的购买意愿。直播营销不仅能够提高品牌曝光率，还可以通过限时优惠和互动活动激发消费者的购买欲望，推动销售增长。在这个过程中，品牌须注重直播内容的策划和执行，以确保传播效果的最大化。

视频营销的成功离不开数据分析和用户反馈。品牌可以通过分析视频的观看量、互动率和转化率等数据，评估视频内容的效果。这些数据不仅能帮助品牌了解受众的兴趣和偏好，还能为后续内容的创作提供参考。随着视频内容的质量和创意要求不断提高，品牌需要持续创新，以维持视频营销的竞争力和吸引力。

四、品牌传播渠道的选择策略

（一）目标受众分析

目标受众分析是品牌传播渠道选择的基础。了解目标受众的特征、需求和行为习惯，可以帮助品牌精准定位传播策略，从而提升传播效果。

首先，品牌需要收集有关目标受众的定量和定性数据，涵盖人口统计信息、心理特征、消费行为等。这些数据不仅能提供关于受众的基本信息，还能揭示受众的兴趣、偏好和痛点，帮助品牌制定更具针对性的传播策略。

其次，在进行目标受众分析时，品牌应考虑多个维度。人口统计特征包括年龄、性别、教育程度、职业和收入等，这些信息能帮助品牌确定潜在用户群体的规模和特点。心理特征则涉及消费者的价值观、生活方式和个性，这些因素会影响消费者的品牌认同和忠诚度。此外，品牌还应关注受众的消费行为，包括购买频率、渠道偏好和消费决策过程等，这些信息对于品牌选择合适的传播渠道至关重要。

再次，除了传统的市场调研方法，品牌还可以利用社交媒体分析、网站流量监测等现代数据分析技术，深入了解目标受众的行为模式和兴趣点。通过这些数据，品牌能够快速识别出受众最常使用的数字平台和媒体，从而在传播渠道选择上作出明智的决策。精准的目标受众分析不仅可以提高信息的到达率，还能增强品牌与消费者之间的互动，提升品牌的知名度和影响力。

最后，目标受众分析还应随着市场环境的变化而进行动态调整，品牌需要定期更新受众数据，监测市场趋势和消费者偏好的变化。通过持续的受众分析，品牌可以快速适应市场变化，优化传播策略，以确保品牌信息能够有效触达目标受众。最终，准确的目标受众分析为品牌传播渠道的选择奠定了坚实的基础，确保品牌能够在竞争激烈的市场中占据优势。

（二）渠道效能评估

渠道效能评估是品牌传播渠道选择的重要环节。通过对不同传播渠道的效能进行系统分析，品牌能够判断哪些渠道最能够有效触达目标受众，从而优化传播策略。

首先，品牌需要明确评估的指标，包括渠道覆盖率、用户参与度、转化率和品牌认知度等。这些指标能帮助品牌定量评估各个渠道的表现，为后续的渠道选择提供数据支持。

其次，在评估渠道效能时，品牌应关注不同渠道的优势和劣势。每种渠道在传播方式、受众覆盖、成本效益等方面均有所不同。例如，社交媒体渠道能够提供高度互动和即时反馈，但可能面临信息过载的问题；而电子邮件营销虽然成本较低，但需要高质量的用户列表以保证转化率。因此，品牌在进行渠道效能评估时，必须结合具体的品牌目标和受众特征，选择最合适的评估方法。

再次，品牌还可以通过多种数据分析工具，对不同渠道的表现进行深入分析。例如，利用网络分析工具评估网站流量来源，了解用户通过哪些渠道进入品牌网站，并进行转化。这种数据驱动的评估方法，可以为品牌提供更全面的渠道表现视角，使品牌能够针对性地优化传播策略。通过对渠道效能的定期评估，品牌可以及时识别表现不佳的渠道，调整资源分配，确保每个渠道的投资回报率最大化。

最后，渠道效能评估不仅是一次性的过程，而应形成系统的反馈机制。品牌在实施传播策略后，应持续跟踪渠道效能，收集相关数据，进行动态调整。这种灵活的评估机制能够帮助品牌及时应对市场变化，提高传播效果，实现更好的品牌影响力。

（三）多渠道整合策略

多渠道整合策略是品牌提升传播效果的重要手段。在数字化时代，消费者通过多个渠道接触品牌信息，因此品牌需要采取整合的传播方式，以确保信息的连贯性和一致性。多渠道整合策略的核心在于将不同传播渠道的优势进行有机结合，最大限度地提升品牌影响力和用户体验。

首先，品牌在制定多渠道整合策略时，应明确各个渠道的角色和定位。不同渠道适合不同类型的内容和受众，品牌需要根据目标受众的特征和偏好，合理配置各个渠道的资源。例如，社交媒体适合互动性强、视觉吸引力高的内容，而电子邮件则更适合传递详细信息和个性化推荐。通过对各个渠道的功能进行有效的定位，品牌能够在传播过程中实现资源的最优配置。

其次，品牌应重视信息的一致性和连贯性。在多渠道传播中，品牌的声音和形象必须保持一致，避免因信息不一致导致消费者混淆或对品牌产生负面印象。因此，品牌需要制定清晰的品牌传播指南，确保在不同渠道传递的核心信息、视觉风格和情感共鸣保持一致。这种一致性不仅增强了品牌的认知度，还提升了消费者对品牌的信任感。

最后，品牌应利用数据分析工具，实时监测各个渠道的表现，进行动态调整。通过数据驱动的方式，品牌可以及时识别不同渠道的表现差异，针对性地优化传播策略。此外，品牌还可以通过跨渠道的用户数据分析，深入了解消费者的行为轨迹和偏好，从而实现更加个性化的传播策略。这种灵活的整合方式，不仅能够提升品牌的传播效果，还能增强用户的参与度和忠诚度。

第七章　数字时代的品牌传播效果

第一节　数字时代的品牌传播内容

一、优质内容是品牌传播的根本

（一）品牌传播的内容

从传播学的角度看，传播内容就是信息内容，传播内容是信息形态与信息载体二者的有机组合。随着5G、大数据、人工智能、算法推荐、区块链、VR/AR等新兴科技的发展和成熟，信息内容的符号形态变得更加丰富和逼真，从文字、图片再到短视频和直播，视频内容成为文字、图片、音频等形式的重要补充。与此同时，信息传播的平台和渠道也更加多样化，品牌网络营销不断迭代升级。作为最具综合性与交互性的传播方式，直播近年来得到重视并实现爆发式增长。

品牌传播的内容涵盖了品牌要素的方方面面，其中以品牌的名称和价值主张尤为重要，标识、符号、形象代表、品牌口号、广告词、包装等也不容忽视。

打造有影响力的品牌传播内容，应当从目标人群的信息需求出发，以品牌构成要素为内核，辅以创意的内容形态，借由合适的渠道和平台分发，构建全要素和全渠道的品牌传播体系，在与目标人群的互动中传递品牌信息，建立联系，加深信任，从而推动树立和维护良好的品牌形象。

（二）用优质内容连接目标人群

数字技术丰富了传播媒介和内容的形态，给品牌传播带来了新的机遇和挑战。通过持续创新地展示品牌要素，品牌传播媒介和内容合力创建并提高品牌认知。从"刺激—反应"的行为模式来看品牌传播，首要的是创作优质内容，而后是借助各种传播平台和渠道，在沟通和互动中帮助消费者累积品牌知识，创造并强化品牌形象以及目标人群的品牌认知。

1. 品牌认知

知名营销学专家凯文·莱恩·凯勒（Kevin Lane Keller）提出了一个经典的"消费者—品牌"认知框架。品牌认知是指人们对品牌的熟悉程度，由品牌再认和品牌回忆两个部分构成。品牌再认是指消费者通过品牌暗示确认之前见过该品牌的能力；换句话说，就是当顾客来到商店时，他们是否有能力辨别出哪些品牌是他们之前见过的。品牌回忆是指在以给出品类、购买或使用情境作为暗示的条件下，消费者在记忆中找出该品牌的能力。研究表明，当大多数消费者在销售点做出购买决定时，由于产品的品牌名称、标识、包装等元素清晰可见，品牌再认决定了购买行为；如果消费者不在销售点做出购买决定，则品牌回忆将起关键作用。因此，对于服务和在线产品来说，建立品牌回忆至关重要，因为消费者会主动寻找品牌，并将合适的品牌从记忆中搜寻出来。

例如，消费者准备购买 5G 手机时，华为公司基于其多年的品牌传播实践，包括广告与促销、赞助与事件营销、宣传与公共关系以及户外广告等方面，在人们心目中塑造了全球 5G 技术领导者的形象。目标人群对华为这一品牌的认知，在品牌再认和品牌回忆两个方面都要远胜于其他品牌，这使得华为 5G 手机在众多竞争品牌中脱颖而出。

2. 品牌形象

当目标人群建立了丰富的品牌认知，传播重点就可以放在塑造品牌形象上。凯勒将其定义为"消费者脑海中的品牌联想所反映出的对某品牌的认知，而品牌联想是在消费者脑海中与品牌信息点相联的那些信息点，它们包含了品牌对消费者的意义"。简言之，品牌形象就是指消费者脑海中保存的那些品牌联想。品牌联想的来源多种多样，如事件策划、新闻报道、口碑传播、直接经验等，品牌营销传播者应当注意识别这些信息来源，并设计相应的品牌传播内容，以塑造积极的、独特的和强有力的品牌形象。让我们了解一下海内外知名小众手机品牌一加（OnePlus）是如何通过较少的品牌传播来建立独特的、差异化的、强有力的品牌认知和品牌形象的。

（三）数字时代品牌传播内容的生产机制变化

在传统媒体占据统治地位的年代，报纸、杂志、广播、电视等大众媒体以线性的传播模式开展工作，由于受众的信息反馈渠道有限，在很多时候只能被动地进行信息接触和选择。与此对应的是，品牌传播机构和人员在预算控制范围内，在说什么、对谁说、怎么说、何时说等问题上有很大的主动权和控制权。

数字技术改变了这一切，受众拥有了更多的选择权，也能够直接参与信息内容的生产制作中来。此外，人机协同的信息生产成为不可阻挡的趋势。品牌传播内容要想取得成功并扩大影响力，需要牢固树立受众思维，从用户的信息需求出发，不断为用户生产有价值的内容，如此才能被分享、转发和评论。通俗地说，就是品牌传播内容要坚持"内容为王"，以持续输出优质内容来博得目标人群的钟爱。

（四）数字时代品牌传播内容的创作原则

1. 尊重用户的信息需求

在当今这个信息爆炸的时代，尽管海量的内容如潮水般涌来，但人们对优质内容的需求却从未有过丝毫的减退，反而越发强烈。在这个注意力稀缺的时代，品牌内容创作方犹如匠人般，需要精准地把握社会发展的脉搏，洞悉人性的共同需求，以匠心独运的姿态，精心雕琢每一件内容作品，力求在喧嚣中脱颖而出，赢得消费者的青睐。

品牌内容创作，并非一朝一夕之功，而是需要经历时间的沉淀与打磨。正如古语所云："十年磨一剑"，品牌内容的创作同样需要耐心与坚持。创作者们不应被眼前的利益诱惑，急功近利只会让内容变得肤浅与空洞。相反，创作者应该以一种不急于求成的心态，沉下心来，深入研究目标受众的喜好与需求，用创意和投入为内容保驾护航，确保每一篇作品都能触动人心，引发共鸣。

在内容创作的过程中，精雕细琢是不可或缺的一环。这不仅是对文字、图片、视频等元素的精心挑选与搭配，更是对内容核心价值的深入挖掘与呈现。创作者们需要运用敏锐的洞察力，捕捉社会热点与消费者痛点，将品牌理念与情感价值巧妙地融入其中，使内容既具有时代感，又富含人文关怀。同时，他们还需要注重细节的处理，通过恰当的修辞手法、生动的场景描绘以及精准的用词，让内容更加鲜活、有感染力。

当然，优质的内容还需要借助有效的营销策略才能发挥其最大的价值。品牌内容创作方应综合运用各种营销策略，如社交媒体推广、内容营销、KOL合作等，动员目标人群积极参与其中，形成口碑传播效应。通过精准定位、个性化推送以及互动反馈等方式，不断提高内容的到达率和转化率,从而放大品牌声量,建构扎实的品牌认知。

在这个过程中,品牌形象的塑造同样至关重要。一个卓越的品牌形象不仅能够提升品牌的识别度和美誉度,还能够增强消费者的品牌忠诚度和购买意愿。因此,品牌内容创作方需要在内容中融入品牌的独特气质和文化内涵,通过持续的内容输出和互动体验,逐步塑造出清晰、鲜明、具有吸引力的品牌形象。

综上所述,品牌内容创作是一项系统工程,需要创作者们具备深厚的专业素养、敏锐的市场洞察力以及不懈的创新精神。只有以匠心独运的姿态,精心打磨每一件内容作品,才能在这个信息泛滥的时代中脱颖而出,最终赢得消费者的认可与信赖。

2. 遵循市场和传播规律

在当今这个信息爆炸的时代,从琳琅满目的产品中脱颖而出,生产出能够触动人心的优质内容,无疑是赢得目标人群信任与青睐的制胜法宝。数字技术将人们带入了一个信息的汪洋大海,在这片浩瀚的信息海洋中,如何准确捕捉并满足人们的真正需求,成为每一个内容创作者面临的重大挑战。

优质内容的生产,并非简单的文字堆砌或图片堆砌,而是需要深刻洞察人心,理解并尊重每一位受众的内心世界。在信息泛滥的今天,人们更加渴望那些能够触动心灵、引发共鸣的内容。因此,内容创作者必须学会取人们信息需求的最大公约数,即那些普遍被大家所关注、所喜爱的话题或元素,以此为基础创作出具有典型代表性的作品。这些作品不仅能够满足大多数人的心理需求,更能在众多信息中脱颖而出,成为引领潮流的标杆。

以时尚类自媒体"黎贝卡的异想世界"为例,它之所以能够在众多自媒体中脱颖而出,赢得广泛关注和好评,正是因为它成功地诠释了时尚、生活及其内容管理的策略。黎贝卡深谙时尚之道,她不仅关注国际T台上的最新潮流趋势,更懂得如何将这些高冷的时尚元素转化为普通人能够接受的、接地气的穿搭建议。她的每一篇文章都充满了对时尚的热爱与执着,同时蕴含着对生活的深刻洞察与感悟。她善于从日常生活中寻找灵感,将那些看似平凡无奇的瞬间转化为引人入胜的故事或话题。在内容管理上,"黎贝卡的异想世界"更是展现出了高超的技艺。它不仅是一个发布时尚资讯的平台,更是一个与读者建立深度连接、共同成长的社区。黎贝卡注重与读者的互动与交流,她经常会在文章中设置话题讨论环节,鼓励读者分享自己的穿搭心得或生活感悟。这种互动不仅增强了读者的参与感和归属感,也使得"黎贝卡的异想世界"的内容更加丰富多彩、贴近人心。据统计,"黎贝卡的异想世界"在各大自媒体平台上的阅读量常常突破10万+,互动与评论更是成百上千条。这一数据背后所反映的不仅是其内容的受欢迎程度之高,更是其精准把握市场需求、有效满足读者心理需求的成功体现。它用实践证明了一个道理：优质的内容要想争取更多的消费者，就必须尊重用户和遵循市场运作规律。只有这样，才能在激烈的市场竞争中立于不败之地，实现经济效益与社会效益的双赢。

综上所述，从产品到传播的优质内容生产是一个系统工程，需要内容创作者具备敏锐的洞察力、深厚的专业素养以及高超的管理技巧。只有不断追求创新、贴近人心、满足市场需求的内容才能真正赢得目标人群的信任与喜爱。在未来的日子里，我们期待看到更多像"黎贝卡的异想世界"这样优秀的自媒体平台涌现出来，为我们带来更多美好的阅读体验和心灵触动。

二、发展和坚持价值主张

（一）价值主张是品牌传播的核心内容

品牌的价值主张，是品牌传播和建设中努力向消费者传达的核心内容，它不仅关乎品牌的差异化定位，更关乎组织对用户的承诺。判断一个价值主张是否有益，一方面看该主张能否集中传达组织的核心价值观、愿景及使命，另一方面看能否有效区隔竞争者，对用户和利益相关群体保持强烈的吸引力。换言之，品牌的价值主张是组织创立和发展过程中对所从事业务领域理念的集中概括，是组织开展活动的指针和方向。

创立于1999年的阿里巴巴，是我国一家提供电子商务在线交易平台的公司。在WPP携手凯度共同发布的"BrandZM2019最具价值中国品牌100强"排行榜中，阿里巴巴首次荣膺榜首。创始人马云成为50年来第一个登上《福布斯》杂志封面的中国企业家，理由是马云创建了全球最优秀的电子商务网站。创立至今的20余个年头里，"让天下没有难做的生意"的品牌价值主张已经深深融入企业的血液里。

为了更好地服务中小企业，建设全球最大的网上集贸市场，阿里巴巴早期对网站建设提出了三点要求：可信、亲切、简单。2012年9月提出的"平台、金融、数据"梯次战略，从直接面对消费者变成支持网商面对消费者，阿里巴巴不再是电子商务平台，而是电子商务协同平台，自己为"提供服务"的平台。其最终的目的是，商家在提供服务的同时积累数据。藏在业务平台之后的数据平台，将在数据的积累过程中实现第二阶段的金融业务，同时数据平台自身得到升级，并计划12～15年后代替业务平台走到幕前，那时阿里巴巴将成为一家数据交换平台。多年以来，阿里巴巴组织架构的调整、业务内容的更新，都在践行着对员工、股东及用户的承诺，"让天下没有难做的生意"初衷未改。阿里巴巴以使命感、价值观驱动公司成长,终于成长为一家备受尊敬的企业。

(二)发展价值主张

品牌价值主张是品牌对内、对外传播的核心内容,是希望得到消费者和利益相关群体认可的理念。那么,品牌价值主张从何而来?又如何发展为一个强有力的、能够持续发挥影响的价值主张呢?

大卫·艾克(David Aaker)将价值主张定义为,"为消费者提供价值的品牌所营销的一种实用性、感情性和自我表现功能"。一个成功的价值定位应该能够建立品牌—消费者关系,并引导消费选择。由此看出,品牌的价值主张包括实用性、情感性和自我表现功能三个方面的内容。

品牌的实用性功能,指出品牌价值主张源自产品的功能及品质。独树一帜、别具匠心的实用功能,通常满足了消费者的某方面需求,或者帮助消费者解决了某方面的问题,从而使得品牌在竞品中脱颖而出。

(三)坚持价值主张

坚持品牌价值主张,需要持续输出高质量的品牌传播内容,不断与消费者的生活、工作和学习发生连接,在沟通和互动中帮助消费者累积品牌知识,创造并强化品牌形象以及目标人群的品牌认知。靠社交电商起家的淘集集和拼多多,前者失败了,后者成功了,原因何在?淘集集也曾借助"市场下沉+用户补贴"的模式获得快速发展,却因优质的产品服务供给能力不足,缺乏独特的核心竞争力导致破产。

第二节 品牌传播效果的指标

一、传播学的传播效果分析

传播效果研究是传播学的重要领域之一,一般是指信息对受众的认知、态度和行为造成的影响。传播效果包括认知、态度和行为三个层面。

传播效果的认知层面,即人们对某一事物或现象的感知、联想和记忆等方面。

传播效果的态度层面,即人们在心理或情感上对某一事物或现象的接受程度。

传播效果的行为层面，即人们在信息接受之后行为上发生的改变。

例如，随着第五代移动通信技术 5G 商用的开展实施，为了帮助人们更好了解和认识 5G 及其给人类社会带来的影响，大众媒体邀请通信专家制作了大量通俗易懂的图文及视频资料。在认知层面，人们逐渐认识到 5G 的超大带宽、高可靠、低延迟等特性，以及其在推动 VR、自动驾驶以及物联网的运用等方面的积极影响。在态度层面，随着人们对 5G 了解的加深，人们经历了从茫然无措、知之不多到主动迎接的转变。在行为层面，人们会添置 5G 手机等各种相关设备，利用 5G 给各行业带来的机遇和挑战，为迎接革命性新技术的到来做好准备。

二、品牌传播效果的指标分解

具体到品牌传播领域，品牌传播效果的衡量指标也可以细分为品牌传播的认知效果、品牌传播的态度效果和品牌传播的行为效果三个方面。

品牌传播的认知效果，即人们对品牌构成要素的感知、联想和记忆等方面的效果，如品牌知名度、品牌形象等。

品牌传播的态度效果，即人们在心理或情感上对品牌的偏好或背离，如品牌美誉度、品牌满意度等。

品牌传播的行为效果，即在认知和态度两个层面效果的综合作用下，人们在实施选择和购买行为时表现出的对某品牌销售促进等正向效果或销售下降等反向效果。更进一步讲，人们在购买和使用过程中，通过社交媒体或口口相传，向他人推荐某品牌或建议不要购买等都属于品牌传播产生的行为效果。

（一）品牌传播的认知效果

1. 品牌知名度

品牌知名度是指某品牌被消费者和潜在消费者知晓、了解和记忆的程度。具体而言，可划分为三个层次：①品牌识别是较为基础的层次，指与品牌核心价值相一致的，能够打动消费者并区别于竞争者的品牌联想；②品牌回忆处于中间层次，指消费者在不进行进一步提示的情况下，回想起一个品牌的能力；③品牌第一提及知名度是最高层次，指消费者建立了对某品牌比较全面和深刻的认识。大量研究表明，消费者对品牌的认识和理解，会影响品牌偏好乃至购买意愿和行为。当某品牌的知名度越高，就意味着消费者对某品牌了解越多，已经具备了较为丰富的品牌知识，间接证明了该品牌的营销传播效果较好，获得了竞争对手所不具备的竞争力。

2. 品牌形象

从消费者的角度看，品牌形象是关于品牌的一切联想和主观感受，是品牌传播综合效果的体现。从组织战略的高度看，品牌形象是品牌资产的重要组成部分，在形成消费者认知、影响购买决策和培养顾客忠诚度方面具有重要作用，对企业的可持续发展影响深远。

随着电子商务的快速发展，品牌形象开始从线下延伸到线上，构建全通道的形象传播模式成为趋势。下面借鉴 Biel 的品牌形象模型，从企业、产品或服务、使用者三个维度展开说明。

（1）企业形象。这是人们基于组织各方面的表现而建立的总体印象和整体评价。

（2）产品或服务形象。其中，产品形象是指产品从研发、设计、生产到营销等各个环节在人们心目中留下的形象，如一加成功塑造了自身高端手机的产品形象。服务形象是指人们对品牌售前、售中和售后过程中表现出的服务态度、服务方式、服务能力等做出的评价。

（3）使用者形象。通俗地讲，就是用户画像，包括品牌使用者的年龄、职业、经济收入、生活方式、个性及价值观等。

（二）品牌传播的态度效果

1. 品牌美誉度

品牌美誉度是指人们对品牌持有的美好、愉悦等正面的情绪性体验和反映。品牌美誉度与知名度紧密相连，知名度是基础，美誉度是方向。企业维护好的名声，应该像人们爱护眼睛一样受到重视。拥有良好声誉的组织，在招商引资、延揽人才、扩大销售等方面占有优势。

为了建立良好的声誉，建立和完善声誉管理体制是一种行之有效的解决方法。品牌声誉构建包括以下五个阶段。

（1）声誉战略阶段。首先需要企业开展品牌声誉定位，通过内部、外部系统进行声誉研究和诊断；其次制定品牌声誉战略，确定企业文化、理念、责任和使命，提炼品牌声誉口号，通过内部和外部系统开展评估、修订。

（2）声誉实施阶段。需要董事会、管理层、员工和供应商共同开展实施，从内部（领导人、股东、员工和供应商）、外部（社区、政府和媒体、公共关系）和品牌（母品牌、子品牌和产品）三个层面构建声誉系统。

（3）声誉传播阶段。需要对品牌声誉进行包装和提升，根据企业的发展需要，利用多种渠道讲好故事、传好口碑。

（4）声誉管理阶段。需要对内部管理、供应链管理、公共关系管理、品牌管理进行在线管理，在线开展声誉监控，通过舆情监测及时发现和防范声誉危机，减少声誉危害。

（5）声誉评估阶段。重视与利益相关方的沟通，定期开展总结和声誉评估，及时完善和修正声誉策略，定期组织股东、员工、供应商和利益相关方开展社会责任、可持续发展、声誉沟通会，并对外发布相关报告。

2. 品牌满意度

品牌满意度，即顾客对品牌的满意程度，指顾客在使用品牌过程中，自身的需求和期望被满足的程度。"现代管理学之父"彼得·德鲁克（Peter Drucker）曾经指出："对于经营者而言，利润并不是最重要的事情，而应当让顾客满意。这是因为，只有顾客满意之后，我们才能获得利润作为一种回馈。"

（三）品牌传播的行为效果

人们对品牌认知的加深和态度的转变，在多大程度上会影响人们的购买和推荐行为，转化率和净推荐值是两个经常用到的指标。

1. 转化率

转化率指的是在一个统计周期内，完成目标转化行为的次数占点击量或用户量的比率。目标转化行为比较多样，包括媒体希望用户完成的动作，如注册、购买、支付、咨询、投诉、反馈等。其中最为商家所看重的是实际购买行为。提高转化率的研究和操作方法逐渐流行，转化率的计算公式为：

$$购买转化率 = 购买次数 / 点击量 \times 100\%$$

例如，有 100 名访客浏览某电商网站，其中有 60 人点击，最终 20 人购买该商品，那么购买转化率为：

$$购买转化率 = 20/60 \times 100\% = 33.3\%$$

像科技时尚内衣品牌 BerryMelon，它以其独特的品牌理念和服务模式为用户提供 "一站式" 的内衣及贴身衣物解决方案。2017 年 6 月试运行到现在，其门店坐落在北京光华路 SOHO，而进入这里的唯一方式是通过 BerryMelon 的微信公众号预约。网页显示，接受一次完整的内衣量身服务要耗时 40 分钟，且店内每个时间段只接待相应的预约客人。这样一套服务流程售出的内衣均价在 500 ~ 600 元，较高的性价比支撑了 87% 的到店转化率。

从买方的角度出发，坚持以用户思维思考问题是提高转化率的关键。

2. 净推荐值

净推荐值是衡量顾客满意度的方法之一，它基于满意的顾客或抱怨的顾客会向身边多少人倾诉的假想，认为企业应致力于服务好已有的顾客，从而吸引和带来更多的顾客。在移动互联网和社交媒体兴起之前的很长一段时间里，净推荐值作为组织的一项关键绩效指标得到重视并被广泛使用。

这个术语最早是由贝恩咨询公司（Bain&Company）的佛瑞德·赖克霍德（Fred-Reichheld）于2003年在《哈佛商业评论》上发表的一篇名为《一个必须得到提高的数字》的文章中提出。净推荐值旨在通过一种简单的方式，借助一个问题来对顾客进行分类。这个问题就是："你在多大程度上会向朋友或同事推荐我们公司（或这个产品/这项服务/这个品牌），如果让你从0到10来打分，你会打多少分？"

赖克霍德将问题的回答者分为以下三类：

（1）推荐型顾客。这些人的打分为9分或10分。他们很可能会积极地向朋友们夸赞该公司、产品或服务。

（2）被动型顾客。这些人的打分为7分或8分。这些顾客"感觉只是物有所值，基本满意而已"。他们不会进行太多的推荐，即使在推荐时，他们也"可能有所保留，并不是太热情"。赖克霍德认为，公司应该将资源重点放在如何取悦这些顾客上，将他们中的部分人转变为推荐型顾客。

（3）贬损型顾客。这些人的打分为6分或低于6分。这些顾客的生活因为他们与公司之间的打交道而"受到损害"。赖克霍德认为，他们不断地向朋友诉说对公司的批评；如果他们与公司之间长期打交道，由于员工要不时地处理他们的投诉，公司成本也会增加。赖克霍德建议，公司应查找导致贬损型顾客遇到问题的根源。

转化率、净推荐值等指标的设计和运用，都体现了用户力量的崛起，他们不仅是消费者，更是组织发展的重要驱动力和成长伙伴。那些懂得用户所思所想并付诸行动的企业将能与消费者更好地建立互联和互动，从而获得可持续性成长。

第三节 数字时代的品牌传播效果测量

消费者及利益相关群体是品牌传播效果的最终决定者。为了测量品牌传播的效果，从认知、态度和行为三个层面来认识品牌传播效果的指标还远远不够，我们需要发展出一套能够有效指导数字时代品牌传播效果测量的工具和方法，这对品牌传播营销人员开展整合传播活动，以确保在合适的时间和地点向合适的人群传输品牌信息至关重要。

一、品牌传播效果测量的类型

（一）事前、事中和事后的效果测量

根据发生的时间节点，测量可以分为事前、事中和事后三种类型。

事前的效果测量，是指在品牌传播活动实施之前的品牌口碑总体评价。一般情况下，组织方聘请第三方机构对品牌构成要素、品牌传播规划和策略进行研判，预计可能产生的结果。

事中的实时效果测量，是指在品牌传播活动实施期间，实时监测品牌形象的传播进展，判断是否沿着预定计划和预期目标的方向进行。在深入分析用户评价和态度的基础上，及时调整话题投放和活动实施计划。

事后的传播效果评价，是指在一段时期的活动结束时，综合地评定品牌传播活动产生的影响和实施效果，为后续工作的改进提供指导。

（二）定性和定量的效果测量

根据研究方法的差异，可以分为定性和定量的效果测量。

定性方法，是指调查者依据自己的经验、知识，综合运用逻辑、理论思维，通过对调查对象回答问题的情况进行综合地质化分析和判断，得出调查结论的方法。

定量方法，是指运用数学、统计学、计算机科学等方法和技术，在数据采集、分析和处理的基础上，得出有价值的研究结论的方法。

（三）不同类型的媒介传播效果测量

为了便于测量工作的进行，业界设计和发展出许多测量单个媒介的指标体系。例如，广播媒体的收听率，电视媒体的收视率，报纸和杂志等印刷媒体的发行量，网络媒体的点击量，社交媒体平台的转发量、点赞量、评论量，等等。遗憾的是，这些指标都是从流量维度出发和测量，较少顾及用户的情感态度，很难指导用户行为预测，助力品牌长期发展。

1. 收听率

赛立信媒介研究公司是目前国内从事收听率研究的主要力量。该公司在广播收听率

调查数据采集领域深耕多年，是国内唯一一家从事广播收听率调查的权威机构。随着互联网和大数据的快速发展，赛立信用大数据的思维来解决广播收听率与收听行为的关联研究，包括常规收听率、车载收听率、移动智能终端收听率、细分市场收听率和定制化的收听率服务，以及与之相关联的收听行为研究数据等。

结合赛立信媒介研究全国广播收听率调查和广播融媒体云传播效果指数等数据分析，2021年上半年，广播用户规模维持在6.8亿，但传统听众有所减少，互联网平台的广播用户在缓慢增加。受移动互联网的冲击，传统广播的"撒手锏"——短平快的新闻资讯、交通资讯已逐步被各种个性化、数字化、精准化、预测性的导航客户端及今日头条等新闻资讯客户端所取代。广播在车载人群中的媒体接触率下滑了6.2个百分点。而手机移动互联网网民中，收听网络直播的用户占比突破30%，较2018年增长了2.6个百分点。

2. 收视率

收视率是一个电视台受欢迎程度的重要指标，高收视率意味着在某一时间段内，占有更多的观众资源，获得更多的关注。国家广播电视总局于2019年12月正式上线了国家广播电视总局节目收视综合评价大数据系统，采用海量数据采集模式，具有"全网络、全样本、大数据、云计算"的特点，适应当前电视节目观看方式多渠道、多样化的新趋势。该系统主要通过建立与网络传输机构之间的安全通道，汇聚大样本用户收视行为数据，经清洗、转换、分析与挖掘，输出开机用户数、观看用户数、收视率、市场占有率等30项核心指标。该系统具有超规模海量信息源，实时处理精准到户，以期从根本上解决收视造假等问题。目前，业界正积极探索将大数据、人工智能等新兴技术应用到收视率调查中来，这为收视率的统计应用提供了更丰富的可能性。

3. 发行量

对于报纸、杂志、书籍等纸媒而言，发行量是确定其受欢迎程度的重要指标，是报刊和出版社的生命线，决定着企业的生存和发展。

近年来，随着移动互联网和智能手机的普及，人们沉浸在电子媒介上的时间越来越长，许多报刊发行量锐减，广告和发行收入难以维持运营，开始尝试数字化转型，那些在内容生产和渠道分发上能够满足用户内容需求的企业生存了下来，而另外一些则遗憾地落幕，退出了历史舞台。

4. 点击量/阅读量

点击量是衡量网站流量的一个指标，是统计用户访问某网站或特定内容流量的重要指标，可以用来记录某一段时间内某个或者某些关键词被点击的次数。

从积极的一面来看，网络访问数据是以自动化、智能化的方式来进行收集的。而不足之处在于，这只是关于有机会接触到特定网页品牌信息的人的测量，而并非对那些真正查看了网站内容中品牌信息受众的测量。网络的匿名性特征，使点击量并不能直接与使用计算机的人相联系，精准描摹用户画像还需要借助其他手段。

二、品牌传播效果的关键指标

（一）品牌认知度

品牌认知度是衡量消费者对品牌的认知和了解程度的重要指标。在数字时代，品牌认知度的测量不仅包括消费者对品牌名称的记忆，还涉及对品牌形象、定位和价值主张的认识。品牌认知度可以通过多种方式进行评估，如问卷调查、社交媒体互动和搜索引擎分析等。通过数据分析，企业可以判断品牌在市场中的知名度以及其信息传播的有效性。

在数字环境中，品牌认知度受到多种因素的影响，包括内容的质量、发布频率、受众的互动程度等。品牌需要确保其信息在不同平台上的一致性，以提升消费者的认知效果。同时，品牌传播的渠道多样性使得品牌在不同社交媒体平台上的表现差异化，进一步影响认知度的提升。通过持续监测和分析品牌认知度，企业可以及时调整营销策略，确保品牌信息在目标受众中得到有效传播。

此外，品牌认知度与消费者的购买决策密切相关。高认知度的品牌往往能够获得消费者的信任，从而提高购买意愿。因此，品牌在进行传播时，需要注重内容的相关性与价值，以增强消费者对品牌的认同感。定期进行品牌认知度评估，可以帮助品牌发现潜在的问题和机会，确保其在竞争激烈的市场中保持领先地位。

（二）品牌偏好与忠诚度

品牌偏好与忠诚度是反映消费者对品牌情感和态度的重要指标。这两个指标不仅影响消费者的购买决策，还直接影响品牌的长期发展和市场份额。在数字时代，消费者接触品牌的途径增多，品牌偏好与忠诚度的培养变得更加复杂。

1. 品牌偏好

在琳琅满目的市场环境中，品牌偏好如同一盏明灯，指引着消费者在纷繁复杂的品牌海洋中找到那个最触动心灵的港湾。品牌偏好，简而言之，就是消费者在众多品牌中，对某一品牌产生特别青睐与选择倾向。这种偏好不仅是对产品本身的认可，更是对品牌背后所代表的价值理念、服务质量乃至文化认同的深深共鸣。

（1）品牌形象。一个鲜明、独特且符合消费者心理预期的品牌形象，能够迅速吸引目标群体的关注。这不仅体现在视觉设计上，如标志、色彩、字体等元素的巧妙运用，更在于品牌所传递的情感价值和精神内涵。例如，苹果品牌以其简约、高端、创新的形象深入人心，成为无数科技爱好者心中的"白月光"。

（2）产品质量。在竞争激烈的市场中，优质的产品是品牌立足之本。消费者对品牌的忠诚度，往往建立在对产品质量的持续信任之上。一旦产品出现质量问题，不仅会影响消费者的购买决策，还会对品牌形象造成难以挽回的损害。因此，品牌必须严把质量关，确保每一件产品都能够达到甚至超越消费者的期望。

（3）定价策略。合理的定价不仅能够反映产品的真实价值，还能满足消费者的心理预期。过高的价格可能让消费者望而却步，而过低的价格则可能引发消费者对产品质量的质疑。因此，品牌需要根据市场情况、消费者需求以及产品成本等多方面因素，制定出既具有竞争力又符合消费者心理的定价策略。

（4）市场推广。市场推广活动是品牌与消费者建立联系、传递品牌信息的重要渠道。通过精心策划的营销活动，品牌可以吸引消费者的关注、激发购买欲望并提升品牌忠诚度。例如，利用社交媒体进行话题营销、举办线下体验活动或推出限时优惠等，都能有效提升品牌的曝光度和美誉度。

（5）数字营销。随着数字技术的飞速发展，数字营销已成为品牌与消费者互动的主要方式之一。通过大数据分析、社交媒体营销、内容营销等手段，品牌可以更加精准地了解消费者的需求和偏好，从而制定出更具针对性的营销策略。同时，数字营销还赋予了品牌与消费者实时互动的能力，使得品牌能够更加快速地响应市场变化、调整产品和服务以满足消费者的需求。

（6）数据分析。在数字营销时代，数据分析成为品牌洞察消费者行为、预测市场趋势的重要工具。通过对消费者购买行为、浏览记录、搜索关键词等数据的收集和分析，品牌可以识别出消费者的偏好变化、购买习惯以及潜在需求等信息。这些信息为品牌制定精准营销策略、优化产品和服务提供了有力支持。

（7）互动体验。数字营销不仅让品牌与消费者的沟通更加便捷高效，还为消费者提供了更加丰富多样的互动体验。例如，通过社交媒体平台与消费者进行实时的互动、参与线上问卷调查或体验虚拟现实产品等方式，都能让消费者更加深入地了解品牌、感受品牌的魅力并提升对品牌的忠诚度。

综上所述，品牌偏好是消费者在众多品牌中选择某一品牌的综合体现。它受到品牌形象、产品质量、定价策略及市场推广活动等多方面因素的影响。在数字营销时代，品牌需要充分利用数字技术的优势，通过数据分析、互动体验等手段与消费者建立更加紧密的联系，从而赢得消费者的信任。只有这样，品牌才能在激烈的市场竞争中脱颖而出，成为消费者心中的首选品牌。

2. 品牌忠诚度

品牌忠诚度，这一深植于消费者内心的情感纽带，不仅关乎品牌的市场占有率，更是企业可持续发展的关键驱动力。它深刻体现在消费者对某一品牌的持续偏好与乐此不疲的重复购买行为之中。当品牌能够成功俘获消费者的心，这种忠诚度便如同坚固的城墙，为品牌筑起了一道抵御市场风雨的屏障。

稳定且持续的销售收入是品牌忠诚度最直接也是最重要的贡献。忠诚的消费者如同品牌的忠实粉丝，他们不仅自己频繁购买，还常常成为推动品牌增长的重要力量。更为显著的是，这种忠诚度能有效降低企业的营销成本。相比于不断寻找新客户，维护现有客户的忠诚显然更为经济高效。因为忠诚的客户对品牌的信任度高，对价格的敏感度相对较低，这使得品牌在进行市场推广时能够拥有更大的灵活性和成本优势。

在数字化浪潮席卷全球的今天，品牌忠诚度的塑造与提升也迎来了前所未有的机遇与挑战。个性化营销，这一基于大数据与人工智能技术的创新策略，正成为品牌增强消费者粘性的重要手段。通过精准分析消费者的购买行为、兴趣爱好及需求偏好，品牌能够量身定制出符合其个性化需求的营销方案，从而在众多竞争者中脱颖而出，赢得消费者的青睐。

此外，忠诚计划的实施也是提升品牌忠诚度的重要一环。通过设立积分奖励、会员特权、专属优惠等激励机制，品牌能够有效激发消费者的购买热情，并促使其形成稳定的购买习惯。这些忠诚计划不仅能让消费者在享受实惠的同时感受到品牌的关怀与尊重，还能进一步加深他们对品牌的认同感和归属感。

客户关系管理系统（CRM）的引入，则为品牌提供了更加全面、细致的消费者洞察能力。通过整合多渠道的消费者数据，CRM系统能够帮助品牌深入了解消费者的需求变化、购买习惯及潜在需求，从而为其提供更加精准、个性化的服务体验。这种以消费者为中心的服务理念，无疑将进一步提升品牌的忠诚度水平。

值得一提的是，高忠诚度的消费者往往成为品牌最宝贵的传播者。他们通过口碑传播、社交媒体分享等方式，将品牌的优质产品与良好服务推荐给身边的亲朋好友，从而吸引更多潜在客户的关注与加入。这种基于信任与认同的传播方式,其效果往往远胜于传统的广告营销手段。

因此,对于任何一家企业来说,注重与消费者的长期关系建立、提供优质的客户体验都是至关重要的。这不仅是提升品牌忠诚度的关键所在,更是实现品牌长远发展的必由之路。在未来的市场竞争中,那些能够深刻理解并践行这一理念的品牌,必将赢得更加广阔的发展空间与无限可能。

(三)消费者转化率

消费者转化率是衡量品牌传播效果的另一个关键指标,它指的是通过品牌营销活动,成功促成购买行为的消费者比例。高转化率意味着品牌的营销活动在激发消费者购买意愿和推动购买行为方面是有效的。

在数字时代,消费者转化率的测量涉及多个环节,包括引流、留存和转化等。

首先,品牌需要通过多种渠道吸引潜在消费者,提升网站或平台的访问量。

其次,通过优化用户体验、提供优质内容和个性化推荐,品牌可以提高消费者在平台上的停留时间和参与度。

最后,通过有效的促销策略和清晰的购买流程,品牌能够促进消费者的实际购买行为。

转化率的分析不仅需要关注总体数据,还需要细分不同渠道和用户群体的表现。通过数据挖掘和分析,品牌能够识别出转化率高的渠道和用户特征,从而优化资源配置和营销策略。此外,品牌还需定期评估转化率,以便发现潜在问题和改进机会,确保品牌在竞争中保持优势。

三、数字工具与技术在传播效果测量中的应用

(一)社交媒体分析

社交媒体分析在品牌传播效果测量中发挥着至关重要的作用。随着社交媒体平台的普及,品牌与消费者之间的互动越发频繁,社交媒体不仅是品牌传播的主要渠道之一,也是品牌传播效果的关键数据来源。通过对社交媒体的分析,品牌能够获得丰富的消费者反馈,从而评估品牌传播的有效性。

社交媒体分析的核心在于数据的收集与解读。通过监测用户在社交媒体上的行为,包括点赞、评论、分享等,品牌可以直观地了解消费者对其内容的反应和态度。这些数据

不仅反映了品牌在消费者心中的形象，还揭示了品牌传播内容的受欢迎程度和传播范围。此外，品牌还可以利用社交媒体分析工具，追踪话题趋势和用户情绪，获取更深入的洞察，从而优化传播策略。

在社交媒体分析中，情感分析是一个重要的方法。通过自然语言处理和机器学习技术，品牌可以分析用户对其品牌或产品的情感倾向，包括积极、消极和中立的反馈。这种情感分析不仅帮助品牌识别用户的态度，还可以揭示潜在的问题和机会，从而推动品牌改善产品和服务。

社交媒体分析还可以帮助品牌识别和细分目标受众。通过分析不同目标受众的行为和偏好，品牌可以制定更有针对性的传播策略，提高信息的精准度和有效性。品牌在社交媒体上的表现直接影响其在线声誉，因此，持续进行社交媒体分析，将使品牌能够及时应对危机，增强与消费者的信任关系。

（二）数据分析工具

数据分析工具在品牌传播效果测量中起着不可或缺的作用。随着大数据时代的到来，品牌可以通过多种渠道获取海量数据，而数据分析工具则提供了对这些数据进行整理、分析和解读的能力。通过数据分析，品牌能够深入地了解消费者行为，评估传播策略的有效性，并制定相应的调整方案。

数据分析工具的应用主要集中在数据收集、数据可视化和数据建模等方面。通过集成不同来源的数据，品牌可以获得更全面的视角，帮助其分析消费者的购买路径、偏好和习惯。数据可视化工具则通过图表和仪表盘的形式，将复杂的数据转化为易于理解的信息，从而帮助决策者快速把握市场动态和消费者趋势。

在数据分析的过程中，品牌需要利用统计分析、回归分析等方法来评估传播效果。通过对数据的深入分析，品牌可以识别出影响传播效果的关键因素，并据此优化传播策略。此外，数据分析工具还可以进行预测分析，通过历史数据来预测未来趋势，帮助品牌在动态市场中做出前瞻性的决策。

数据分析工具还允许品牌进行 A/B 测试，以评估不同传播策略的效果。通过对不同版本的内容或广告进行比较，品牌可以确定哪种策略更具吸引力和有效性。这种实证研究的方法不仅帮助品牌提高了传播效率，还为品牌持续优化提供了科学依据。

（三）用户行为跟踪技术

用户行为跟踪技术在品牌传播效果测量中同样发挥着重要的作用。随着技术的不断发展，品牌能够通过多种手段实时跟踪用户在网站、应用程序和社交媒体上的行为。这些数据为品牌提供了深入的洞察，帮助其理解消费者的兴趣、需求和行为模式。

用户行为跟踪技术主要包括网站分析工具、应用程序分析工具和社交媒体行为跟踪工具等。通过这些工具，品牌可以获得用户的访问路径、停留时间、点击率等关键指标。这些数据不仅反映了用户对品牌内容的关注程度，还可以发现用户在品牌传播过程中遇到的"瓶颈"和障碍。

用户行为跟踪技术还能够帮助品牌进行用户细分。通过分析用户的行为数据，品牌可以将用户划分为不同的群体，以便制定更加个性化的传播策略。这种精准营销策略不仅提高了传播的有效性，还增强了用户的参与感和忠诚度。

跟踪用户行为的技术还可以与其他数据分析工具结合使用，以形成更全面的用户画像。通过整合用户的行为数据和人口统计数据，品牌可以更好地理解消费者的需求和期望，从而优化其传播内容和形式。

用户行为跟踪技术还可以帮助品牌评估传播策略的效果和 ROI。通过对用户行为的追踪，品牌可以衡量传播活动的回报，从而制定更加科学的预算和资源分配方案。这种基于数据的决策方法将为品牌在竞争中赢得优势。

通过社交媒体分析、数据分析工具和用户行为跟踪技术的综合运用，品牌能够更有效地测量和评估传播效果，制定更具针对性的传播策略，从而在数字时代实现更好的品牌发展。

第八章　数字时代品牌危机管理

建立一个品牌，常常需要耗费巨大的资源，但是由于受到企业外部环境的变化、竞争对手的挑战甚至是来自企业自身问题的影响，好不容易建立起来的品牌又会功亏一篑。因此，在对品牌进行管理的过程中，需要对品牌维护、品牌危机处理和品牌保护有充分的重视。

第一节　品牌维护

所谓的品牌维护，是指企业针对外部环境的相应变化给品牌带来的影响所进行的维护品牌形象、保持品牌的市场地位和品牌价值的一系列活动的统称。

一、品牌维护的必要性

作为企业的重要资产，品牌的市场竞争力和品牌的价值都是来之不易的。市场和消费者的需求并不是静止的状态，而是处于快速的变化之中，因为大多数的品牌缺乏必要的品牌维护，所以在市场竞争中屡屡遭到淘汰。因此，企业需要对品牌进行不断的维护。

（一）避免品牌老化

在瞬息万变的市场环境中，品牌老化已成为许多企业难以回避的严峻挑战。所谓的品牌老化，并非一蹴而就的过程，而是企业在激烈的市场竞争中，由于多种内外部因素共同作用，导致品牌逐渐失去往日的光彩，具体表现为品牌知名度、美誉度的悄然下滑，以及随之而来的销售业绩和市场占有率的显著下降。这一过程如同一场无声的战争，让企业在不知不觉中陷入困境。

任何一个品牌，无论其过去如何辉煌，都不可避免地会面临品牌老化的风险。这并非危言耸听，而是市场规律的必然体现。随着时代的进步和消费者需求的不断变化，那些不能及时跟上时代步伐、满足消费者新需求的品牌，往往会被市场淘汰。因此，对于企业而言，保持品牌的活力和竞争力，防止品牌老化，是一项长期而艰巨的任务。

那么，究竟是什么原因导致了品牌老化呢？从内部因素来看，企业可能因为管理不善、创新不足、产品质量下降等原因，导致品牌形象受损，进而引发品牌老化。例如，一些企业过于依赖过去的成功经验，忽视了市场的变化和消费者的新需求，导致产品更新换代缓慢，无法满足消费者的多样化需求。从外部因素来看，市场竞争的加剧、新技术的不断涌现以及消费者偏好的快速变化等，都会给品牌老化带来前所未有的挑战。

为了防止品牌老化，企业需要从多个方面入手，采取切实有效的措施。

首先，企业应加强品牌管理，建立健全的品牌管理体系，确保品牌形象的稳定和统一。同时，企业还应加大品牌宣传力度，通过多种渠道和方式提升品牌知名度和美誉度。

其次，企业应注重创新，不断推出符合市场需求的新产品和服务，以满足消费者的多样化需求。在创新过程中，企业还应注重知识产权的保护，确保自身在市场竞争中的合法权益不受侵犯。

最后，企业还应加强与消费者的沟通和互动，了解消费者的需求和反馈，及时调整产品和服务策略，以更好地满足消费者的需求。

值得一提的是，在防止品牌老化的过程中，企业还应注重品牌文化的传承和发扬。品牌文化是企业品牌的核心和灵魂，是品牌与消费者之间建立情感连接的重要纽带。通过传承和发扬品牌文化，企业可以增强品牌的凝聚力和向心力，提高消费者对品牌的认同感和忠诚度。同时，品牌文化也是企业区别于竞争对手的重要标志之一，有助于企业在市场竞争中脱颖而出。

总之，品牌老化是企业必须面对的现实问题。为了防止品牌老化，企业需要从多个方面入手，采取切实有效的措施。只有这样，才能在激烈的市场竞争中保持品牌的活力和竞争力，实现企业的可持续发展。在这个过程中，企业还应注重品牌文化的传承和发扬，以更好地满足消费者的需求并赢得消费者的信任和支持。

（二）保持和增强品牌的生命力

在当今这个瞬息万变的商业世界里，消费者的需求无疑成为驱动品牌生命力的核心引擎。从更深层次的角度剖析，一个品牌能否在激烈的市场竞争中屹立不倒，关键在于其能否精准捕捉并有效满足消费者那些日新月异、纷繁复杂的新需求。这不仅要求品牌拥有敏锐的市场洞察能力，更需要其具备持续创新、不断进化的能力。

我们先需明确"消费者需求"这一概念的广泛性与多样性。它不仅局限于产品功能、性价比等基础层面，更涵盖了情感体验、社会认同、文化共鸣等深层次的心理需求。随着社会的进步和消费者观念的升级，这些非物质层面的需求日益成为影响购买决策的重要因素。因此，品牌若想保持旺盛的生命力，就必须在深刻理解消费者需求的基础上，进行全方位、多维度的创新。

以科技行业为例，苹果公司的成功在很大程度上归功于其对消费者需求的精准把握和不断创新。从 iPod 到 iPhone，再到 Apple Watch、AirPods 等一系列产品的推出，苹果公司始终能够洞察消费者对于便捷性、时尚感、高品质生活的追求，并通过技术创新将这些需求转化为现实。这种以消费者为中心的创新理念，使得苹果品牌在全球范围内赢得了极高的忠诚度和市场份额。

然而，仅仅满足当前需求还远远不够。随着市场环境的变化和消费者偏好的转移，品牌必须保持高度的警觉性，时刻准备应对新的挑战和机遇。这就要求品牌不仅要关注现有市场的变化，更要通过市场调研、数据分析等手段预测未来趋势，提前布局并抢占先机。同时，品牌还需要建立一套完善的维护机制，确保在满足消费者需求的同时，不断提升产品质量和服务水平，以巩固和扩大市场份额。

在这个过程中，品牌文化的塑造和传播也显得尤为重要。一个具有鲜明个性和独特魅力的品牌文化，能够增强消费者对品牌的认同感和归属感，从而提升品牌的忠诚度和美誉度。例如，耐克公司的 "Just Do It" 品牌口号不仅传递了一种积极向上的生活态度，更激发了无数消费者追求梦想、勇于挑战的勇气。这种品牌文化的深度植入，使得耐克在全球范围内拥有了庞大的粉丝群体和强大的市场影响力。

综上所述，消费者的需求是品牌生命力的源泉。一个成功的品牌必须时刻关注消费者需求的变化，不断创新产品和服务以满足这些需求；同时，还需要通过品牌文化的塑造和传播来增强消费者对品牌的认同感和归属感。只有这样，品牌才能够在激烈的市场竞争中保持旺盛的生命力并不断发展壮大。

（三）预防和化解危机

随着信息技术的飞速发展，信息的传播速度达到了前所未有的高度，消费者对于品牌的认知与态度也在迅速变化。加之，消费者维权意识的日益增强，品牌一旦稍有疏忽，就可能陷入危机之中，这不仅会损害品牌形象，还可能对企业造成毁灭性的打击。

面对这样的市场，品牌必须拥有前瞻性的眼光，能够准确地预测并识别潜在的危机。

然而，仅仅预测到危机是远远不够的，品牌还需要制定出一套行之有效的应对策略，以应对各种突发情况。这些应对策略应当涵盖从危机预警、危机处理到危机后恢复的全过程，确保品牌在遭遇危机时能够迅速响应、有效应对，从而将损失降到最低。

为了实现这一目标，企业首先需要对品牌产品或服务的质量进行持续的提升。质量是品牌的生命线，只有确保产品或服务的卓越品质，才能赢得消费者的信任与忠诚。为此，企业需要建立严格的质量控制体系，对生产过程中的每一个环节进行精细化管理，确保每一个环节都符合既定的标准和要求。同时，企业还需要不断关注市场动态和消费者需求的变化，及时调整产品策略和服务模式，以满足消费者的多元化需求。

除提升产品或服务的质量外，企业还需要对内部原因造成的品牌危机进行有效的预防。内部原因往往涉及企业的管理、文化、价值观等多个方面。为了预防内部危机的发生，企业需要建立健全内部的管理制度和风险控制机制，加强对员工的教育和培训，提高员工的风险意识和责任意识。此外，企业还需要营造积极向上的企业文化氛围，激发员工的创新精神和团队协作精神，为品牌的发展提供源源不断的动力。

在有效预防内部危机的同时，企业还需要注重品牌核心价值的提升。品牌核心价值是品牌区别于竞争对手的关键所在，也是消费者选择品牌的重要依据。为了提升品牌的核心价值，企业需要深入挖掘品牌的内涵和特色，明确品牌的定位和目标市场，通过精准的品牌传播和营销活动来塑造品牌形象和塑造品牌个性。同时，企业还需要关注消费者对于品牌的认知和态度变化，及时调整品牌传播策略和营销手段以保持品牌的竞争力和市场地位。

综上所述，随着市场环境的不断变化和消费者需求的日益多样化，品牌面临的挑战和威胁也在不断增加。为了应对这些挑战和威胁，品牌需要不断提升产品或服务的质量、有效预防内部危机、提升品牌核心价值以及进行理性的品牌延伸和品牌扩张。只有这样，品牌才能在激烈的市场竞争中立于不败之地，实现可持续发展。

（四）抵御竞争品牌

在当今这个充满激烈竞争的市场环境中，企业品牌的价值宛如一艘在波涛汹涌的海洋中航行的巨轮，时刻受到来自四面八方的挑战与冲击。特别是来自同行业内竞争品牌的市场冲击，更是如同狂风巨浪，不断考验着品牌的韧性与稳定性。因此，对品牌进行持续的维护与管理，不仅是企业在竞争市场中保持领先地位的关键策略，更是对假冒产品侵袭的有力防范。

品牌，作为企业的无形资产和核心竞争力的重要组成部分，承载着企业的信誉、品质和服务等多方面的信息。一个强大的品牌，能够在消费者心中树立起良好的品牌形象，从而促使消费者在购买决策时更倾向于选择该品牌的产品或服务。然而，市场的瞬息万变和竞争品牌的不断崛起，使得品牌面临着前所未有的压力。如果企业忽视了品牌的维护与管理，就可能导致品牌形象受损、市场份额下降等严重后果。

为了保持品牌在竞争市场中的竞争力，企业需要采取一系列的品牌维护措施。这包括但不限于：加强品牌宣传与推广，提升品牌知名度和美誉度；优化产品质量与服务水平，确保品牌的核心价值得到充分体现；加强品牌保护意识，积极打击假冒产品等。通过这些措施的实施，企业可以在消费者心中树立起更加稳固的品牌形象，从而在竞争市场中占据有利地位。

综上所述，品牌维护在竞争市场中具有举足轻重的地位。它不仅有助于企业在竞争市场中保持竞争力并抵御假冒品牌的侵袭，更是企业实现可持续发展和长期成功的关键所在。因此，我们应该高度重视品牌维护工作并将其纳入企业发展战略的重要组成部分加以推进和实施。

二、品牌维护的基本内容

企业的主要职责，就是对品牌进行维护，与此同时，还少不了政府和消费者两大股重要的力量。关于企业对品牌进行维护，主要有以下三方面的内容。

（一）产品保证

核心产品、形式产品和附加产品构成了产品。其中核心产品是功能的需求满足；形式产品是指产品的实物状态，如愉悦人心的包装设计；附加产品是指消费者在购得产品时所获得的附加利益，如完善的售后服务。

满足消费者的需求是任何产品质量设计的一个出发点，与此同时要考虑到产品的安全性、耐用性、实用性和新颖性。

1. 安全性

对于消费者来说，他们对产品最起码的要求就是安全可靠。因此，安全性能是否良好，和产品的市场发展前景以及品牌的形象有着直接的关系。特别是对于那些可能会造成重大安全问题的产品，如汽车、家用热水器等，这可以说是至关重要的一点。

2. 耐用性

至于结实耐用，这是对产品质量的一个基本要求，一种产品能够被长期的、无故障的使用的话，会更容易得到消费者的认可和青睐。当然，从现在的消费观念来看，耐用性并不一定适合时尚消费者的市场发展趋势。例如，在以前，耐穿是人们对服装的最基本的要求。而现如今，却不是这样了，在这个日新月异的时代，人们会为了时尚、潮流，对某些服装的要求不再是耐穿，而是赶潮流。因此，这样看来，耐用性就变得不再那么重要了。

3. 实用性

所谓的实用性，就是完全从消费者的需求出发，对于产品的局部性能进行适当的调节，以增加产品对消费者的有用性。有些产品虽说本身融入了许多高科技的相关成分，功能齐全，独特新颖，在一定程度上来说还极为方便，但是多数的消费者并不需要那么多的功能，他们会认为只需要具备最基本的功能就足够了。

4. 新颖性

严格来说，产品的新颖性并不在产品质量的范畴里，但是从市场竞争的角度来看，产品具有新颖性的功能往往能使产品质量得到一定的提高。例如，日本三洋电器发明了能进行自动关闭的磁性冰箱门，由于原来的冰箱门都是在外面用插销插上，结果儿童钻进冰箱而外面被关的悲剧多次发生。磁性冰箱门的使用解决了这一安全问题，使冰箱更方便使用、更灵活美观。

人们的生活水平在不断地提高，对美的追求也是越来越丰富、越来越激烈。针对这一特征，企业对产品的设计、包装加以改进应该进行周全的考虑，以更好地适应甚至引导消费者不断改变的审美观，使产品在消费者心目中始终保持美好、新颖的形象，也使品牌在消费者心目中固化。

（二）质量管理

品牌维护的根基就是"质量第一"。"以质取胜"是永不过时的真理。对于企业来说，在关于制定质量发展的目标上，要做到切实可行，针对国际国内的先进标准积极采用，使得产品高质量、高档次，从而在市场上提高名牌产品占有率，突出品牌形象。

企业的质量管理，具体来说是指为使消费者的需要得到满足，运用系统的理论和方法对质量问题进行深入的研究，组织全体职工参与并综合运用各种科学手段和方法，对产品的设计、制造、销售和使用等全过程进行的相关质量管理活动。

（三）广告宣传

在关于企业形象塑造、企业知名度提升、品牌的推广和维护等方面，广告宣传起到了极为重要的作用。在很多企业发展的过程中，广告能够在较短时间内将品牌信息传递给消费者。用合理的费用开支和渠道，选择进行有效的广告创意及发布，能够引导消费者在选择中建立品牌偏好，逐步形成品牌忠诚。

1. 用广告作为重要手段来引导消费者的方式

（1）不断对品牌声誉进行强化。无论是来自公众舆论的集体效力还是来自专家学者的权威效力，对品牌声誉的树立和强化都能起到很大的作用。

（2）对广告宣传力度适度加大，使产品有形而且"有声"。通过广告的形式对产品销售起到促进作用，再通过产品销售使得品牌市场地位得到提升。

（3）把注重品牌形象的关注点转移到重点介绍产品的功能上来。因为同类产品现象太多，不同产品可能具有同种功能或类似功能，所以，不能只重视产品的广告而减弱品牌的宣传力度。

2. 其他用于品牌日常维护的宣传方式

（1）赠送样品。向消费者免费赠送一些可以试用的样品，这样一来，可以使得消费者在进行亲身体验的时候认识并注意到该产品和品牌，也能够让企业对自己的产品有一个充分的了解，了解自己的产品是否能较好地满足消费者的需求。

（2）促销。为了吸引更多的消费者，或是促使一些原有的消费者进行重复消费，利用相关的打折、赠送纪念品等刺激性手段也是企业进行促销的一种有效手段。现在，促销已成为企业最常用的营销方式。但这种方法需要注意的一点就是，不适合频繁地进行使用，否则，对于品牌的形象会造成一定程度的损害。许多行销专家认为，促销活动属于一种短期行为，它并不是像广告那样能让消费者建立起品牌忠诚。

（3）公关活动。所谓的公关活动，具体指的是采用公众宣传的方法手段，来提高品牌的知名度，以赞助的名义来提高品牌的美誉度等。公关与广告不能混为一谈，他们之间的定义也有所不同。广告是人们"买我"；公关是让人们"爱我"。相比之下，公关比广告具有更高的可信度，但是公众必须对公关活动宣传的品牌有一定印象才行，所以公关活动是创建品牌之后高浓度的后续步骤之一。这样看来，广告和公关配合使用，还会收到意想不到的效果。

（4）业务会议和贸易展览。企业可以通过业务会议和贸易展览的相关活动，针对自己的产品和品牌向中间商进行合理的宣传，以此招揽新老顾客，为其介绍新产品或新品牌。

（5）寻求权威支持。为了使产品相应增加可信度，企业可以采取寻求官方或民间有关权威组织或个人的认可和支持的方式,这样,消费者购买产品的安全感会更强一些。得到了来自消费大众的信任,那么品牌形象自然可以获得广泛的支持。

对于企业而言,针对品牌的常规维护会是一个漫长的过程,这就要求企业从每一个相关的细节做起,日积月累,才能在人们心中树立起牢固的品牌形象。

三、品牌维护的相关策略

想要对强势品牌进行快速的创建,那么,在平时品牌发展过程中就要对品牌不断地进行细致入微的维护,对品牌进行相应的关心和保护。可以说,品牌维护对品牌的成功以及维持强势品牌的地位起着至关重要的作用。如何着手品牌维护、需要做哪些方面的维护、维护品牌的任务交由谁来完成都是品牌维护需要考虑的问题。

(一)关心和维护品牌

可以说,品牌能够与其正常生命周期做相应的抗争。但是,前提是要重视并维护好品牌,如果疏于维护,那就不会是这类情形了。因此,在品牌发展过程中,必须时刻保持警惕。

确保品牌平台不受到损害是对品牌进行维护的一个基础。这就要确保在开展与品牌个性和核心价值相关的每一项活动时,都要前后一致,不能不吻合,要合适得体,而且在维持品牌的定位上不能有任何妥协。

尽可能地向顾客提供最好的品牌体验是整个工作的首要目的。在针对管理和维护品牌的作用中,宣传战略是最为突出、重要的一点,许多企业因对品牌的忽视最终出现"败走麦城"的现象,不仅如此,还对自己的形象为何不尽如人意感到百思不解。

(二)建设强大的企业品牌和行为

除上述所讲到的有关对品牌进行维护的策略之外,还需要使组成强势品牌的各个方面变得更加丰富,不断地对品牌资产进行相关的累积,使品牌价值提升,丰富品牌的识别特征,针对品牌个性不断做出有关的诠释。

除此之外,进行品牌维护的另外一个重要方面,就是品牌的拥有者是否有能力建立一种独特的品牌文化,来真正地体现广告所宣传的品牌个性和品牌定位。对于从事服务行业的企业而言,这更是非常重要的问题,因为在服务行业中,顾客与品牌的接触显得更密切,更具个性化。

要想让企业成为公众注意的焦点，形成强大的企业品牌形象，企业必须采取相应的措施，利用合理的手段，围绕品牌个性建立完整的品牌文化。近期，企业文化似乎成了一个最平常的话题，特别是在中国，之所以出现这样的话题，是因为现在很多的企业都在试图向现代工作的方式慢慢靠拢，调整相应的管理风格，进行合理的改变。除此之外，很多企业甚至邀请了相关的专家，针对复杂的培训和组织发展计划进行调整，以对当前的企业文化有更好的影响，并且在以后的发展中能够有显著的提高。有的人会说，企业文化就是我们做事的方法，其实不然，那只是企业文化呈现的一个形态而已。

对新的企业文化开始建立或是对现有的文化做出改变，企业的着手点是通过建立若干企业价值并把它们作为员工应遵循的企业行为指南。而树立品牌，就是让品牌拥有一种独特的个性，这是一种最成功的途径。其中的个性，其实是对品牌真正代表的内容所做的一个总结。如果建立了某些个性特点之后，生成了品牌平台，那对消费者来说未必不是一件好事，这样他们会更容易做出选择，受到吸引。在这里需要注意的是，个性特点一旦成了品牌的构成要素，企业文化就需要注意体现同一性。这样一来，个性特点就得承担与企业价值相同的作用了。

（三）定义品牌价值

企业通过对企业品牌的个性特点进行相关的选择利用，然后让大家对这些存在的特点都有所了解，在一定程度上来说，还是远远不够的。这就需要在以下两个层次上对这些个性特点进行更为仔细的定义。

1. 在全公民的范围内加以普遍定义

在全公民的范围内加以普遍定义，这样的举措会使得员工对于这些个性特点有一个更为详细的了解，了解组织的远景和相关使命。在此，企业需要做的就是，让全体员工知道企业的个性、这些个性存在的原因以及定义中提到的行为对品牌的至关重要性，缺一不可。

2. 在个人的层次上加以定义

个性特点之所以必须在个人的层次上加以定义，是因为企业树立属于自己的品牌，而在做任何一件事的过程中都得体现出企业的个性特点是其关键。这样一来，也就意味着要求企业的上上下下，无论是首席执行官还是基层的每个员工，在进行相关的工作时必须尽最大的努力体现出这种个性。探其原因，对于基层员工来说，其可能对新企业个性和有关的描述有了一定的认识，但是，这些对于他的工作究竟意味着什么，才是他真正想去搞清楚、弄明白的。归根结底，最重要的是，顾客是通过员工来对品牌进行详细体验的。这样的话，就必须确保员工对企业品牌的个性特点不能只做到了解，还需要在此基础上知道把这些特点如何体现在工作之中。

这项工作相对来说有一定的难度，无论是针对人事管理、员工培养还是培训等，都有着非比寻常的意义。企业如果在这方面做得比较优秀，那么结果可想而知，会是一种可观的状态。而员工是否会接受以个性为基础的价值，答案是肯定的。通过让员工对品牌的个性进行相关的了解，使得员工有方向感，这是区别于其他培训的一点。

（四）建立品牌个性战略

产品品牌有自己的整套战略。如果一家企业想要建立自己的企业品牌，也得有这样的战略。当然，企业的战略应该建立在品牌基础之上。这样就会发现，让企业的各个分支部门提出他们是如何实现其品牌价值的短期和中期计划，将是一个最有效的办法。

因此，就需要各个分支部门为此出谋划策，最终上报到上级管理层并说明针对他们的计划具体实施的方法。所谓的计划不能含糊，而是要有清晰的方向，有具体的时间安排和详细的完成标准。长期这样执行，员工就会对于这种计划制订养成习惯，这对企业品牌的建立是有一定好处的，企业也容易掌控局面，各个部门也会体会到这样做的优势。如此一来，按照品牌的要求相应地给大家的工作进行明确的定义就会更容易了。

如果主要的品牌价值或是个性特点具备创新，那么，企业就应该确保产品和服务相对应地具备创新，如吉列企业规定其年销售额的40%以上要来自过去三年中推出的产品，而3M企业则将这一比例定为25%。

具有这类价值的部分企业，如杜邦，它鼓励所有的员工都参与创新培训当中，也许会有人为此而质疑杜邦的做法，但是我们最终得到的答案是：他们相信任何一个人都有创新的想法和思想，可以想出一些独特、新颖并富有创意的主意。

（五）品牌重新定位

在品牌不断地发展过程中，社会环境以及市场环境等多方面的变化，会对其造成一定的影响，所以，必须适当地对品牌定位进行调整，这同时是进行品牌维护的一个重要方面。就品牌维护过程中的品牌定位而言，其实是进行了重新定位。除非企业是以一个全新的状态出现，因为在这之前，人们已经大致形成了对它的一个判断。重新定位的时机包括以下四种。

1. 企业或品牌形象模糊

这种情况下，人们会对品牌形象的感受较弱，甚至在认识上模糊不清，不能进行分辨。如果在前期，对品牌没有做到明确的定位，那么就会很容易出现这种情况。在中国现有的一些企业中，这种情况最为常见。当对品牌进行了相关的审查后，得出的结果，却是因为在针对顾客的喜好吸引方面，它与其他品牌几乎没有什么区别，没有新颖独创之地，反而接近雷同，因此失去了创新点所在。

如果出现这种情况，企业应随时做出反应，对品牌进行重新定位，让自己的品牌具有区别于其他品牌的地方，有自己的独特个性，与众不同。

2. 竞争逼近或抢占了品牌地位

如今，只要是取得了一定成功业绩的品牌，都会不可避免地面临这种威胁，甚至有的时候情况发展过于迅速而让企业应接不暇。例如，在美国，面对日本凌志牌汽车在市场的出现，宝马企业不由大吃一惊；还有就是在中国畅销的摩托罗拉，而后也受到了来自诺基亚的正面挑战。

在消费品的类别中，每天都存在这样的危险。这就要求，企业对自己的现有产品不断地进行创新，通过不断地推出新产品，来使自己的地盘更加稳固。国际性快递集团——联邦快递，在发现亚洲的其他企业在效仿自己之后，马上采取了应对措施，以快速服务为出发点，并展开了很大力度的宣传，指出即使条件再恶劣，他们都会准确无误地交货。这个举动，因为与产品相关的属性，加倍地体现出了联邦快递的个性，使其在快递业中独树一帜。

3. 企业推出新的品牌个性

在推出新品牌价值、个性特点或是进行自我复兴之前，企业需要制订实施详细、周全的重新定位计划。私有化和放宽限制的实施，不得不使许多政府机构对其价值及文化进行一定程度上的改变。这一点对于企业来说，具有挑战性，因为原有的品牌价值在观众的心中已根深蒂固，而要对原有的产品进行重新定位，就需要企业具有极大的毅力，同时需要一种完全不同于原有的品牌文化与顾客的体验做后盾。

当然，对品牌进行重新包装也需要有一个新定位，就像新加坡的莱佛士酒店进行全面发行时，它必须是一个发行后的实体，还要保留传统文化的价值。

在一番巨变之后，它成功地保留了一间作家房，虽然其位置或设计装潢有了改变，但是整体来说，酒店供应完全和原来一样，依旧是原秘方的"新加坡斯林酒"，很好地做到了兼收并蓄。

4. 企业转向新的目标顾客群

品牌要想在以后有更开阔的市场，继续长远发展，就应该在目前细分市场的基础上再增加新的细分市场。当然，这个过程难免会有一定的风险，但是需要企业提前有一个心理准备，那就是可能会对品牌现有的顾客基础造成冷落的现象。

例如，一本非常著名的女性杂志品牌，现有的读者群为25～40岁的女性，如果它想再进行细分一下，将读者群的基础扩展至18～25岁的女性，但是又不能确保新的群体有着与25～40岁的女性不同的兴趣和态度，这就相当于给重新定位增加了一定的难度。因此，针对该品牌应该进行怎样的改变，是一个需要认真考虑的问题。

根据上述例子我们可以得出结论，时刻牢记企业是为改进人们对品牌的现有认识才对品牌进行了重新定位。但是，重新定位的前提是必须使顾客在原来的基础上获得更好的品牌体验，无论采取何种措施，这才是重中之重。

（六）品牌审查

市场永远在不停的变化，而品牌也是一样，需要在短时间内得到创新，不能停留在一段时间内静止不变，否则会遭到无情的淘汰。

因此，对于品牌来说，要想维持一个跟得上市场变化的规律，作为一个强势品牌长期立足于市场发展的不败之地，就必须不断地对自身进行审查，以此来作出一系列调整，使品牌个性更为清晰。而在对品牌维护的过程中，一个最基本的方法就是品牌审查。

品牌审查内容有以下三点：①对品牌与消费者之间的关系进行相应的诊断；②对品牌与竞争品的关系进行诊断；③对品牌资产进行相关的调查。

品牌维护是对快速创建强势品牌的一个坚强保证，在品牌发展过程中，品牌维护既是一个必不可少的步骤，也是一个品牌长足发展的基础，它对于中国企业走品牌化道路有着深远的指导意义。因此，品牌的经营者要用正确的态度去对待品牌维护。

第二节　品牌危机的处理

在报纸、杂志主导的传统媒体时代，掌握媒体资源的个体及组织，在信息传播方面拥有绝对主导权，而进入互联网时代后，这种局面被彻底打破，所有人都能通过社会化媒体平台发布并分享自己感兴趣的内容。这意味着权利发生了转移，以前企业可能只需要利用报纸、杂志发布营销信息，便可以实现大范围的营销推广，为自身塑造良好的公众形象、促进产品销量的快速提升等。但是，如今的消费者已经很难被传统媒体引导，人们会通过微信、微博等渠道获取实时信息，并参与交流互动，分享有价值的信息。如果企业涉嫌虚假宣传或者产品质量、服务等出现问题，那么很容易引起信任崩塌。

互联网时代所具有的信息实时传播、受众广泛参与等特征，对企业的品牌危机管理提出了更高的挑战。在新时代背景下，企业亟须对自身的品牌危机管理策略进行转型升级，调整品牌建设策略、建立预警机制等。下面笔者将对企业的品牌危机的内涵与特征，导致品牌危机的潜在因素，品牌危机处理的原则，品牌危机前的预防控制，品牌危机处理的一般措施，品牌危机的后续管理进行深入分析。

一、品牌危机的内涵与特征

（一）品牌危机的内涵

品牌危机是指企业在品牌运营管理过程中，遇到负面信息扩散、强烈的舆论冲击、用户大规模流失等不利局面。在品牌危机发生时，如果企业处理不当，很容易给企业带来灾难性的后果，因为未能及时给出有效的应对策略，导致企业蒙受重大损失，甚至走向倒闭的案例在企业界不计其数。

（二）品牌危机的特征

在互联网时代，信息的传播特性决定了该阶段的品牌危机特征也有所不同，不同背景、职业、个性、地区、兴趣爱好的广大民众通过互联网能够实时交流，相互分享彼此感兴趣的信息。人们得益于智能手机、平板电脑等移动终端的推广普及，通过互联网获取信息逐渐成为一种趋势。实时性、互动性及时效性是网络信息传播的三大特征。在此基础上，互联网时代品牌危机的特征可以总结为以下三点。

1. 危机信息传播速度快

微信、微博等即时通信工具的推广普及，使企业负面信息的传播速度得到了极大的提升，而且信息传播形式越来越多元化，除简单的图文信息外，音频、短视频甚至是直播等都是网民会使用的信息传播方式。

在各种离散的企业负面信息被上传到网络平台后，人们可以利用具备搜索功能的信息平台将这些信息聚合起来，从而获取自己想要的内容。与此同时，平台方提供的互动交流版块或通信功能，使网民能够实时交流沟通，讨论这些负面信息很容易引发大范围的传播推广。

在线下渠道中，人们传播信息时，会受到身份、个人影响力等因素的限制，而在互联网中，人与人之间更加平等，决定信息能否实现传播的因素主要在于信息本身的价值，而不像线下渠道中普通大众会明显感觉到"人微言轻"，信息传播效率会大幅提高。

2. 参与受众多

在互联网环境中，参与信息传播及分享的门槛大幅降低，普通人也能体会到引领社会潮流的快感，长期被传统媒体压制的信息传播及分享需求在短时间内集中暴发，从而进入了一个人人参与信息传播的自媒体时代，而互联网的强大连接能力使各种社区、渠道、平台能够无缝对接，在大众广泛参与的驱动下，单一渠道中的信息可以在短时间内传播到所有渠道，这种特性使网络信息的破坏性得到了极大的提升。

3. 重塑性快

网络信息传播的交互性，使企业的负面信息可以被快速加工，从而引发一系列连锁反应。在传统媒体时代，普通大众虽然可以对信息进行加工，但没有有效的渠道将加工后的信息进行有效的传播。而在互联网时代，人们可以根据自己的理解对某一事件进行评论、分享，既是内容消费者，也是内容创造者。

在这种背景下，如果企业产品的质量问题被某位用户曝光，其他同样遇到这种问题的用户自然也会给予支持，并分享自己的遭遇，这很可能会给企业品牌带来严重打击。当然，对于那些具有较高品质的产品，消费者也乐于在朋友圈内进行分享，从而实现口碑传播。

二、导致品牌危机的潜在因素

消费者、企业内部、供应链合作伙伴、竞争对手、政府和企业所在城市是企业的主要利益相关者，而企业品牌危机的形成因素和这五大利益相关者有着密切关联，下面将分别对其进行详细分析。

（一）消费者

消费者导致的品牌危机主要包括两大类：一是消费者本身或者身边的亲朋好友遇到了产品质量、售后服务等问题，而在社交媒体中分享并引发广泛传播；二是消费者被社交媒体上的信息误导，对虚假信息进行了传播。由于我国网络实名制始终未能得到全面推广，再加上一些网站、媒体为了吸引流量而对内容缺乏监管，企业的品牌危机管理面临着更严峻的挑战。

（二）企业内部

企业内部品牌危机涉及的环节非常多，每个组织成员及部门都是企业价值链的参与者之一，设计、生产、营销、财务、人力、物流、售后服务等环节，都可能成为企业内部品牌危机的诱因。例如，设计部门的产品设计方案本身存在缺陷，导致产品质量问题频发；营销部门的行为不当，导致消费者感觉被歧视，从而导致用户流失；采购部在原料检测方面出现问题，而引发安全事故等。

（三）供应链合作伙伴

供应链合作伙伴作为企业重要的零部件或者成品供应商，其提供的零部件及成品会对企业品牌产生重要的影响。供应商的原材料质量出现问题后，如果企业本身缺乏有效的检测手段或疏于检测，再加上监管部门的失职，那么在问题产品流入市场被消费者发现后，很容易给企业带来严重的品牌危机。

（四）竞争对手

商场如战场，在市场竞争越来越激烈而复杂的背景下，部分企业可能会采取恶意竞争的方式，如发布虚假消息、故意引发矛盾冲突等，从而导致企业遭遇品牌危机。

（五）政府和企业所在城市

政府和企业所在城市的品牌危机，主要体现在政府和所在城市对行业监管政策的调整。例如，为了提高某项产品在国际市场中的竞争力，国家对该行业采用更为严格的国际检测标准，而部分企业可能并不具备生产这种级别的产品的能力，从而引发企业品牌危机。

三、品牌危机处理的原则

关于危机处理的原则，科特勒认为，最关键的因素就是让客户看到企业的真诚和迅速的反应。他认为顾客形成负面的印象深浅取决于企业对品牌危机做出反应的时间。同时，科特勒也认为快速的反应也必须是真诚的。企业越是真诚，顾客对企业形成的负面印象可能就越小。

针对品牌危机处理，国内学者也提出了类似的原则。具体归纳为以下六点。

（一）快速反应原则

对于企业来说，危机的危害性极大，危机发生的时候，企业必须快速做出反应，及时进行控制，及时地与公众、媒体等进行相关的沟通，尽量把猜测、怀疑降到最小，否则会威胁到企业的生存。

加拿大危机管理专家唐纳德·斯蒂芬森（Donald F.Steffensen）认为："危机发生的第一个24小时至关重要，如果你未能很快地行动起来并已经准备好把事态告知公众，你就可能被认为有罪，直到你能证明自己是清白的为止。"

（二）真诚原则

危机发生以后，面对突如其来的问题，企业要勇敢地去面对，不能选择逃避。但是，在传媒业逐步发达的过程中，任何隐瞒和逃避的想法都是无济于事的。

因此，在面对问题的时候，就要求企业应该实事求是地进行相关处理，不要试图隐瞒和逃避其中的责任，尤其是不能用谎言欺骗消费者和媒体，否则，会与消费者和媒体形成对立，加重危机。

（三）积极主动原则

危机发生以后，企业应该第一时间做出反应，主动承担责任，保持积极的态度去解决处理。企业的态度积极，主动去处理危机，会给公众留下一个负责任的好形象，这样一来，比较容易得到公众的谅解，解决危机的速度也会加快，阻碍减少；如果企业一味地推卸责任，会把原本的矛盾激化，从而导致危机升级。

（四）重视客户利益原则

危机发生的关键，就是引发危机的事件损害到了客户以及社会公众的利益。因此，想要摆脱危机，就必须分清主次点，客户和社会公众的利益要放在首位。

具体来说，对客户和社会公众的利益进行保护，其实就是对企业自身进行保护，可以说此举是对企业长远利益的一种保护方法，所以，有了客户和社会公众的利益，企业的利益才会存在。

（五）统一口径原则

危机发生时，企业处在社会舆论的风口浪尖，成了万众瞩目的焦点，它的一切行动都被公众密切关注。企业在对危机事件进行处理的时候，应该做到内部协调一致，不能人云亦云，否则会让别人感觉企业没有合理的秩序，最终让公众误认为是企业缺乏信任的力度，从而使危机再次升级，给企业造成不可估量的损失。

这就需要企业内部统一意见，正确对待公众和媒体的意见，并及时给予准确的处理措施。

（六）全员参与原则

企业，作为一个有机的系统，各个环节都是紧密地联系在一起的，不能孤立开来。当品牌危机暴发之后，企业的各个环节都会不同程度地受到波及，社会舆论的关注点也会相应地扩散到企业的方方面面。

这个时候，作为企业的员工来说，不能置之不顾，而是应该积极参与，协助企业渡过危机。企业在处理危机的过程中，应该把危机的性质与影响度表述清楚，让员工有一个深刻的认识，明白如何合理地处理危机。

四、品牌危机前的预防控制

（一）建立预警机制

如果能够建立完善的品牌危机预警机制，往往可以有效控制甚至利用品牌危机带来的机遇进一步提高品牌影响力。在建立品牌危机预警机制前，企业先应该进行自我竞争的情况分析：品牌的构成要素是否传播正能量？品牌延伸是否满足定位理论？营销内容是否传递品牌内涵及价值观、符合消费群体的需求？企业和消费者之间的沟通渠道是否通畅等？

通过思考这些问题，企业可以找到品牌危机的潜在诱因，然后针对这些诱因进行有针对性的分析，并组织相关部门开展讨论，从而建立品牌危机预警机制。当然，为了确保预警机制能够发挥作用，企业应该将其落实到基本的规章制度中，并严格要求员工在日常工作中遵守相关规定，以便在品牌危机发生时能够有效控制。

（二）做好企业各职能部门的基础工作

很多时候，品牌危机的出现是长期积累的结果。例如，由于售后服务体验不佳，消费者集体抗议，短时间内的售后服务问题虽然不至于引发品牌危机，但这种长期积累所造成的危机处理难度更高，再加上竞争对手的推波助澜，很容易导致企业元气大伤。所以，企业在日常的经营管理过程中，应该定期对自身的设计、生产、仓储、物流、营销、销售、售后服务等环节进行分析，寻找存在的问题，尽可能地避免品牌危机的发生。

（三）建立和谐竞争的共存体系

和自然界中的生物处于某种生态系统中一样，企业同样和供应链合作伙伴、消费者、渠道商、零售商、监管机构、竞争对手、所在城市等形成了一个生态系统，所以，企业应该将自身的发展放到生态系统中，正确认识所有成员之间的相互依存关系，进而打造良性竞争生态。

在具体运营中，企业需要和供应商、竞争对手、媒体机构、消费者等实现合作共赢，在获取利益的同时，也为其他成员创造价值，这样才能确保整个生态系统稳定发展，即便因为决策失误或者管理方面的问题导致品牌危机，也能得到更多的理解与支持。

五、品牌危机处理的一般措施

关于品牌危机，任何企业都会发生，它是一个不确定性的事件，所以每个企业都应认真对待品牌危机，同时，也得注意在应对品牌危机过程中出现的"马太效应"。一般来说，与知名度小的中小企业相比，一些知名度大的企业很少会担心品牌危机的发生，因为在品牌危机暴发时，那些知名度小的中小企业更容易中途废止，不过这并不代表大企业可以忽视品牌危机的发生。

大企业和中小企业需要坚持正确的态度对待品牌危机。当品牌危机发生以后，企业不要手忙脚乱，在保持冷静的状态下，考虑应对危机的策略。企业采取的措施一般有以下三点。

（一）成立危机小组，全面控制品牌危机的蔓延

当企业出现品牌危机时，不能任之扩散，而是要在第一时间出击，组织相关专家成立危机处理小组，然后对暴发的危机事件进行深入的调查，根据危机的影响范围，做出相关的评估，制订有关计划，对危机事件的扩散进行控制。

危机处理小组需进行的任务有：①对危机事件的发生有一个全面的掌握，为企业下一步的行动做好支持的基础；②把对外信息的传播工作组织到位，及时向相关的利益人进行通报；③针对危机事件，第一时间采取相关措施，与受害人进行前期接触等。

（二）迅速实施适当的危机处理策略

针对危机的发展趋势，企业应该对消费者保持负责任的态度，主动地承担起相关责

任，做出恰当的处理，如回收产品、停销、赔偿损失等。

（三）做好危机沟通

在处理危机事件时，危机沟通是一项必不可少的环节。沟通到位会进一步把公众的猜疑及时消除，还能避免一些片面报道现象发生，但是，如果缺少了有效的沟通，无异于使危机事件雪上加霜。

危机沟通针对的是受害者、媒体、内部员工、上级部门和其他利益相关者。

1. 针对受害者的危机沟通

进行危机沟通时，必须分清楚重点，要把与受害者的沟通放在第一位：①企业根据受害者所受到的影响程度，耐心倾听受害者的意见，主动承担应负的责任，让受害者感到来自企业真切的歉意；②确立危机责任方面的相应赔偿方案；③把受害者的损失降低到最小。

2. 针对媒体的危机沟通

媒体，是对危机事件进行传播的一个主要渠道。因此，企业应主动与媒体的工作配合，把自己处理危机的具体情况适时地向媒体进行通报。

企业与媒体进行沟通的过程中，有四点需要注意：①用一个声音说话，避免众口不一；②保证向媒体提供的信息准确无误，把企业的立场和态度对外公开，防止报道失真；③在事情还没有完全调查清楚之前，不轻易地表示赞成或反对的态度；④当媒体发表了与事实相反的报道时，企业应尽快向媒体进行更正声明，指出失真的地方，并提供真实资料。

通常情况下，召开新闻发布会是企业与媒体之间沟通的一个最为有效的形式，同时向公众展示了一个积极主动、愿意承担责任的企业形象。

3. 针对内部员工的危机沟通

无论何种类型的危机，对于企业内部的员工、股东以及员工的家属，都会或多或少地造成一定的影响。这个时候，企业就需要处理好内部员工之间的关系，否则会出现整个企业人心涣散、流言四起的状况，最终使陷入危机的企业内外交困。

因此，在面临危机时，企业应该对企业内部的关系有一个恰当的处理。应该让员工知道关于危机发生的来龙去脉，与此同时，还要让他们知道，面对危机，企业会采取相应的措施去解决，不会置之不顾；收集员工提出的一些建议，解答他们所产生的疑惑。

4. 针对上级部门的危机沟通

危机发生以后，要把相关的事态发展情况及时地向上级部门汇报，在此期间，与上级部门保持密切联系，以获得来自上级部门的强力支持。

5. 针对其他利益相关者的危机沟通

针对其他利益相关者进行危机沟通，这里的其他利益相关者主要包括企业合作伙伴、金融界、社区公众、社会机构、政府部门，企业生存发展离不开他们的鼎力支持。

所以，在危机暴发之后，企业应就此次危机事件与以上利益相关者做好进一步的协调与沟通，避免他们对企业造成误会，做出一些与企业生产相违背的事情，影响企业的行动能力。适当的沟通，能够解决误会，并获得利益相关者的积极支持。

六、品牌危机的后续管理

对企业来说，出现危机是正常的，但是如果出现危机之后，企业认识不到危机的严重性，不去总结危机中出现的得与失，一些需要注意的细节也不重视，最终会酿成悲剧。长久下去，即使当时的危机处理了，可时隔不久，这种危机还可能会卷土重来，到那个时候，就没有挽回公众信任的余地了。

因此，对于品牌危机的后续管理，企业不能掉以轻心，而是需要高度密切关注。遗留问题处理和滞后效应处理，是危机后续管理的主要内容。

（一）遗留问题处理

1. 对内措施

首先，在本次危机发生过程中，企业要对具体的发生原因、预防和相应的处理措施的执行情况，进行一个全面系统的深入调查分析，同时把有关危机管理工作中存在的问题根源找出来。

其次，就危机中存在的一些突出问题进行整改，完善企业品牌危机预警系统，防止类似事件的再次发生。

最后，对企业组织内部应加强适当的沟通力度，针对此次的危机始末、产生危害以及企业采取的相应措施，都应该让员工有一个具体的了解，并借此机会对员工进行相关方面的教育，治愈他们受到本次危机影响的创伤，得到他们的一致认可，使企业生产运营迅速恢复。

2. 对外措施

企业要加强对外传播与沟通，及时地把针对危机处理的相关进展情况向媒体、社会公众进行通报，并声明愿意承担道义上的责任，以此来重新赢得社会公众的信任。

（二）滞后效应处理

品牌危机一旦发生，即使是企业在本次危机处理中的表现较为妥当、完美，公众的心智也会因为危机所带来的相关影响产生一定的阴影，这种阴影的退却度可能在很长一段时间内都会存在于顾客头脑中。

正确地帮助公众快速地把这段记忆忘却，重新建立起公众对企业的信心，是本阶段企业工作的一个重点。例如，企业可以通过推出一项新的服务，或是开发一种新产品，来向企业利益相关者和社会公众传达企业恢复的信号，以此唤起他们对企业的好感。

第三节　品牌保护

对于品牌来说，特别是对于知名品牌而言，很容易受到一些来自不利于自身发展的条件影响，像被侵权或者是受到不正当竞争行为渠道的损害，最终造成品牌的无形资产流失、品牌的价值降低等现象。因此，企业都应该树立起品牌保护的意识。

一、品牌的经营保护

所谓品牌的经营保护，顾名思义，就是经营企业的相关者在进行具体的营销过程中采取的一系列针对品牌形象的维护活动。品牌自身性质不同，所面临的外部和内部环境也有所区别，如此一来，那些相关的自然经营者所采取的相关保护行动也会有所不同，但是，无论是何种形式的保护，都得围绕以下几点进行。

（一）全面满足消费者需求

对于品牌经营者来说，消费者是企业品牌经营过程中的主要角色，因为对于企业来说，他们围绕的中心是市场，也就是以组合消费者的集中需求为中心。在对消费者的集中需求进行组合的过程中，就应该明白一点，对品牌的经营保护离不开消费者的兴趣与偏好，这两者之间有着密切的联系、相辅相成。由于消费者的"口味"千变万化、众口不一，因此品牌就需要根据消费者的变化，不断地做出调整，跟上市场的步伐。

我们熟知的每一个知名品牌，都在为了满足消费者不同的需求而进行变化。例如，可口可乐的口味、柯达的新型号、海尔的空调品种，都在随着市场趋势的走向进行着不同程度的变化。

而有的品牌始终不肯防微杜渐，对市场的变化熟视无睹，结果可想而知，就是遭到市场无情的淘汰。这也很好地解释了中国品牌"各领风骚三五年"的缘由了。"大前门""凤凰"香烟已被人们遗忘；而曾经风靡一时的"巴斯"石英钟也惨遭淘汰。

市场有其自身的运行规律，无论是中国品牌还是世界品牌，只要在运行过程中违反了市场变化的规律，那么企业经营就会受到一定的影响，最终以失败告终。

关于李维斯，大家都会想起的一个熟悉得不能再熟悉的潮流牛仔服装品牌，在 20 世纪 80 年代中期，一度风靡全球，掀起了一股牛仔热潮。而李维斯企业因为销售额猛涨，在仅一年的时间内股票狂升 100 多倍，市值由每股 2.53 美元上涨到每股 262 美元，创造了举世闻名的"李维斯神话"。

然而，市场上没有永远英雄的品牌，由于李维斯品牌没有抓住其主要消费者，即 14～19 岁年轻人的心理，没有创新的想法，跟不上市场的趋势变化，依然故步自封，我行我素，它在 20 世纪 90 年代，销售额逐步下滑，开始走向没落。1997 年，李维斯企业被迫关闭了设在欧美地区的 29 家工厂，据有关数据显示，内部调整阶段裁员就达到 1.6 万人，紧接着，1998 年，李维斯企业的销售额又比之前下降了 13%。从上述事件中我们能够清楚地看出，最终使得李维斯品牌没落的原因，多半是其思想没有创新点，没有从年轻顾客的心理变化规律方面去琢磨考虑，忽视了流行时尚里最为主要的因素所在，没有考虑到消费者偏好的变化。

以市场为中心，全面满足消费者需求。就要求品牌经营者们在市场监察系统方面，建立完善的系统机制，对消费者的需求变化能有随时的调查了解，只有了解了消费者的需求以及变化之后，才能针对自己的品牌作出相应的改变，使品牌在市场竞争中立于不败之地，还能使自己的品牌保护工作更加全面和有效。

（二）维持高品牌的形象

质量，可以称得上是品牌的灵魂，品牌的质量相对高了以后，所拥有的市场份额也会较高，它们是相互对应的。就算一个品牌的知名度再高，如果在质量方面出现了较为严重的问题，那么这个品牌的形象会随之受到影响，最终受到一定的损伤。

举例来说，"豪门"啤酒，在 20 世纪 90 年代初曾经风靡一时，然而，在与山东等省份的某些酒厂进行合作生产后，由于在质量管理方面没有做到严格的控制，继而在高档啤酒的形象上出现了问题，并进一步影响了它的形象，充斥市场的大量劣质"豪门"啤酒，令"豪门"啤酒风光不再。北京"丽都"啤酒的经历与"豪门"啤酒如出一辙。

（三）实施差异化策略

关于品牌在市场上的定位，即使在最初比较顺应市场的趋势，但是在发展过程中，随着消费趋势的不断变化与消费者不断增长的需求，企业不得不对品牌进行重新定位或者是实行差异化的策略。

以农夫山泉为例。起先农夫山泉在瓶装水的市场上可以说是毫无竞争压力，而且特别火爆，但是到了后来，除受到来自娃哈哈和乐百氏两大品牌的竞争之外，市场份额还受到了各地区域品牌的蚕食，在这样恶劣的环境下，农夫山泉并没有放弃，而是深入思考、进行相关的调查和取证，并且抓住了一点最关键的因素——安全。因为人们在饮用纯净水时，总会最先考虑到一个关于安全的因素，而喝了纯净水之后，是否对自己的健康有益，是人们长期以来首要关注的焦点。针对这一公众焦点，农夫山泉提出了"天然健康"这一个让人自然而然就会放心的概念，然后在此概念的基础上，使用一些外在的表现手段，去针对"天然水"的概念进行深层次的锻造，对"千岛湖水下80米的天然水"做了有效、有深度的宣传。也正是因为他们观察细致、顺应民意，实施了品牌差异化的策略，对原有的品牌进行了创新的再定位，农夫山泉才得以在短时间内迅速崛起，一跃成为国内瓶装水市场上的三强之一。

（四）保持品牌的独立性

在进行相关的企业经营保护过程中，最有效的一个策略就是发展和壮大企业的品牌。创新属于系统性工程，由观念创新、技术创新、质量创新、市场创新等组成。

近年来，许多原本具有较高知名度的品牌逐渐从市场上消失。究其原因可以发现，很多企业在对外资引进的过程中，过分地考虑眼前利益，被金钱冲昏了头脑，忽略了品牌自身应有的独立性，由于市场经济观念不足、市场经验严重缺乏，最终导致经营保护的失败。

苏州电视机厂的"孔雀"牌电视机就是一个很好的例子。由于盲目地引进外资，与飞利浦进行合资，然而没有考虑到自己的品牌独立性，在合作不久之后，从原本一个企业形象火遍全国的品牌，到最后却被飞利浦霸占市场，品牌不再被使用，最终走向没落。

当然，能把外资和技术吸引进来是一件好事，但是凡事有利就可能有弊，我们应该提高警惕，对于引进外资要深思熟虑，否则就会像"孔雀"牌电视机一样，把自己的品牌资产葬送。从发达国家对发展中国家实施的经济战略来看，我们可以发现，发达国家采用的输出产品、输出资本和输出品牌三种手段中，对他们最有利的就是输出品牌。因此，就这一点来说，我们应该有一个慎重的态度和清晰的认识。

企业要想使品牌保持独立性，就要对品牌实施相应的保护策略，最根本的办法有以下两个。

（1）不断地发展自己，使自己变得日益强壮。相应地扩大现有的规模，走规模经济之路；另外，在品牌细节上进行调整，从产品质量、品种、生产成本及销售渠道上下功夫，积极地开拓并迅速占领市场，使得品牌的知名度被提高。

（2）"联合抗衡"。顾名思义就是国内企业团结一心进行联合，以知名的企业为中心，以名牌产品为依托，携手组织跨地区、跨行业的大企业集团，为捍卫国内品牌的阵地而努力。

（五）运用品牌延伸策略

21世纪，品牌纵横，而品牌的竞争成了企业之间最具代表性的一个竞争武器。品牌涵盖了产品的具体概念，当然也是消费者心目中认可的一种形象。企业处于变化不一的市场之中，要想拥有自己的一席之地，进一步发展、寻求更大的空间从而进行品牌延伸和品牌扩张也是必不可少的。品牌延伸和品牌扩张，具有一定的优势，可以节约宣传费用，吸引原有的品牌忠诚者。

1. 品牌延伸的优势

品牌延伸，是一种针对品牌进行开发利用的常用策略。很多著名企业在采用了品牌延伸之后，在市场竞争中获得了一定的优势，进而有了属于自己的地盘。

2. 品牌延伸的陷阱

近年来，在我国经济生活中，有这种现象出现：一些企业在发展初期，推出了一项新的产品，在一定程度上取得了很好的效益，很快就在市场中占有了一席之地；但是，在实施品牌延伸之后，结果却让人大跌眼镜，非但没有得到很好的效益，反而把品牌的优势也失去了，甚至导致企业破产、倒闭。有人说，品牌延伸其实就是布满了鲜花的陷阱。

（1）一损俱损效应。实施品牌延伸，应该在实施过程中小心谨慎，因为在此过程中，只要有一个产品经营受到相应的挫伤，那么整个品牌就会发生连锁反应，严重的话还会导致品牌受到全盘否定。

（2）品牌的心理冲突。品牌延伸当然是要根据品牌的具体情况来实施，因为有一些产品适合品牌延伸，而有一些产品却恰恰相反。例如，海尔集团如果推出海尔牌的避孕套，而杜蕾斯推出白色家电，那将会是滑天下之大稽。所以，符合消费者的心理，是企业进行品牌延伸的一个首要条件。

（3）忽视差异。因为消费者是一个广大群体，所以他们的需求也是多层次的，存在相对较大的差异性。针对这种情况，企业应该有所思悟，不能把品牌以统一品牌进行延伸，缺少差异化的设计。

除此之外，品牌延伸还带有一定的负面效应，如品牌淡化、与产品形象背离等。

从整体上来讲，品牌延伸都属于对品牌保护的一个较好的实施策略，因为进攻就是最好的品牌保护，只要企业对品牌延伸的重要因素有一定的把握，在这个基础之上，再结合自身的实际情况科学地运筹，一定会有新的起色。

二、品牌的自我保护

品牌经营者总是努力把品牌的知名度提高，却不知道，品牌的知名度越高，随之而来的假冒产品数量就会相应增多，与此同时，技术失窃的风险也就随之增加，至于品牌之间的相互竞争现象也是越来越普遍。因此，要想使品牌健康地成长，品牌经营者必须注意自我保护。

（一）让消费者识别品牌

如今，假货如雨后春笋般迅速成长，遍布到了世界各个角落，这给企业品牌沉重一击。在这个关键时刻，企业不能坐以待毙，而是要除受到政府提供的保护以外有所行动，主动出击，做好全面防范工作，全力保护自身品牌不陷入被动状态。

针对这种现象，企业品牌的相关经营者应对专业防伪技术进行积极的开发和应用。之所以让那些制假者有空而钻，能够轻易地进行仿冒，是因为有些品牌和包装的技术含量过低。所以，想要有效地保护企业品牌，在防伪技术方面必须有高技术含量。

（二）控制品牌机密

当今世界，信息存在于世界各个角落，显现出了一种至关重要性，掌握了信息就相当于掌握了主动权。因为，当今世界发展的关键就是借助信息来完成的，所以，信息显得比资产更为重要。

在和平年代，获取经济情报已经成为商业间谍的一项主要任务。而企业对于这个现实情况绝不能坐以待毙,应该采取相应的措施,严厉打击商业间谍,对一些重要的信息进行整顿,防止品牌机密丢失。

经济的迅速发展和市场的空前繁荣,使得品牌之间的竞争形势变得越来越严峻。竞争虽然是一种普遍存在的现象,但是,在竞争过程中,应该以正当的手段进行合理的竞争。

三、品牌的法律保护

(一)法律保护

1. 立法保护

立法保护,是通过制定和颁布有利于品牌保护的法律来对品牌实施相关的保护。根据立法的重点来看立体保护有两种类型。

(1)鼓励性立法,通过正面提倡、鼓励和促进品牌发展和名牌战略的法律对品牌进行保护,这些法律主要是从正面进行积极引导、扶持和促进产品质量的提高。

(2)惩罚性立法,就是对破坏品牌正常运行机制的一切违法犯罪活动进行相关的惩罚和打击的法律。

这两种类型的立法,既有区别又相互联系,两者密不可分,属于相辅相成的关系。

2. 司法保护

司法保护,就是以现有制定的法律作为依据,对品牌进行保护,同时对假冒伪劣产品加大打击力度的一种司法行为。

实施司法保护的机关是司法机关,根据制定的司法程序,以法律为准则,以事实为依据,为保护知名品牌产品的名誉对假冒伪劣的违法犯罪行为进行法律制裁,是其主要的一种方式。

(二)品牌的商标保护

想要对商标进行全面的保护,一个首要的措施就是取得商标的专用权。而所谓的商标专用权,就是通过某些特定的形式或是相关的手续之后,取得一个国家或地区的商标法律所赋予的商标权利。而在取得合理地利用商标专用权基础上,能够使品牌得到更加全面的保护。

维护商标的权益,从某种角度来说,也是对品牌进行保护的一种重要手段。与此同时对商标的相关设计要做到严谨，避免造成失误。

（三）合理运用法律武器

1. 提高认识

假冒伪劣现象是一种比较长久而且不易在短时间内清除的公害，它的持久性以及存在性比想象中要顽固很多，它不会因为简单的谈论就马上销声匿迹。所以，针对打击假冒伪劣的工作来说，这也必将是一场长期的战斗，需要企业经营者有思想准备，与假冒伪劣抗争到底。

2. 有组织地进行打假

可以说，假冒伪劣就像是患者身体里存在的毒瘤一样，遍布在市场的每一个角落。所以，要想彻底地清除这颗毒瘤，就需要有专门的人员去负责打假的相关事宜，缺少了这一重要的环节，效果可想而知。

针对这一点，我国很多的知名企业都能感同身受，从此类事件中吸取到了不少的教训。为了能给假冒伪劣组织进行沉重的一击，他们纷纷想出了相对应的打假策略，并且成立了专门的打假机构。此外，对打假人员进行专业化的培训，这一打假举措，广泛应用后收到了不错的成效。

参考文献

[1] 李华君. 数字时代的品牌价值共创研究[M]. 武汉：华中科技大学出版社，2020.

[2] 关媛元. 品牌传播与智能营销[M]. 长春：吉林大学出版社，2023.

[3] 杨漾. 数字时代的品牌传播策略与案例研究[M]. 北京：中国纺织出版社，2022.

[4] 杨萍萍. 品牌形象的塑造与传播研究[M]. 长春：吉林出版集团股份有限公司，2024.

[5] 唐灿灿. 现代城市品牌形象塑造与传播研究[M]. 北京：北京工业大学出版社，2021.

[6] 邓良柳. 信息生态位视域下网络用户参与品牌价值共创研究[M]. 武汉：武汉大学出版社，2022.

[7] 才源源. 消费者情绪与品牌管理研究[M]. 上海：上海大学出版社，2020.

[8] 张慧子. 企业危机传播管理[M]. 北京：中国传媒大学出版社，2022.

[9] 李黎丹. 广告策划与品牌管理研究[M]. 长春：吉林出版集团股份有限公司，2023.

[10] 席佳蓓. 品牌管理理论与实践[M]. 南京：东南大学出版社，2022.

[11] 张成龙，李志军. 新品牌 新营销 新传播[M]. 北京：中国纺织出版社，2021.

[12] 张艳菊. 互联网时代品牌管理及创新研究[M]. 北京：中国商业出版社，2020.

[13] 廖宏勇. 品牌的跨文化传播[M]. 广州：中山大学出版社，2020.

[14] 刘永湘. 品牌重构：品牌价值链重新打造[M]. 北京：中国纺织出版社，2021.

[15] 刘进平. 品牌意义建构与数字传播策略[M]. 北京：中国经济出版社，2023.

[16] 李华君. 数字时代品牌传播概论[M]. 西安：西安交通大学出版社，2020.

[17] 唐仁承. 品牌智慧[M]. 上海：上海远东出版社，2021.

[18] 路月玲. 数字时代的品牌传播：战略与策略[M]. 广州：中山大学出版社，2020.

[19] 商超余. 广告与品牌传播[M]. 北京：中国商务出版社，2020.

[20] 亢琳，梁日升. 品牌形象设计[M]. 武汉：华中科技大学出版社，2022.

[21] 张世卓. 企业品牌策划与设计的实践研究 [M]. 北京：新华出版社，2021.

[22] 杨明刚. 数字媒体品牌策划与设计 [M]. 上海：上海人民出版社，2022.

[23] 段兴禹. 视觉营销与品牌传播研究 [M]. 天津：南开大学出版社，2021.